CARTA APOSTÓLICA
MULIERIS DIGNITATEM
DO SUMO PONTÍFICE
JOÃO PAULO II
SOBRE A DIGNIDADE
E A VOCAÇÃO DA MULHER
POR OCASIÃO DO ANO MARIANO

CARTA APOSTÓLICA
MULIERIS DIGNITATEM
DO SUMO PONTÍFICE
JOÃO PAULO II
SOBRE A DIGNIDADE
E A VOCAÇÃO DA MULHER
POR OCASIÃO DO ANO MARIANO

© Amministrazione del Patrimonio della Santa Sede Apostolica
© Dicastero per la Comunicazione – Libreria Editrice Vaticana, 1990
Publicação autorizada por © Conferência Nacional dos Bispos do Brasil

6ª edição – 2005
6ª reimpressão – 2024

Nenhuma parte desta obra poderá ser reproduzida ou transmitida por qualquer forma e/ou quaisquer meios (eletrônico ou mecânico, incluindo fotocópia e gravação) ou arquivada em qualquer sistema ou banco de dados sem permissão escrita da Editora. Direitos reservados.

Cadastre-se e receba nossas informações
paulinas.com.br
Telemarketing e SAC: 0800-7010081

Paulinas
Rua Dona Inácia Uchoa, 62
04110-020 – São Paulo – SP (Brasil)
📞 (11) 2125-3500
✉ editora@paulinas.com.br

© Pia Sociedade Filhas de São Paulo – São Paulo, 1990

*Veneráveis irmãos
e caríssimos filhos e filhas,
saúde e bênção apostólica!*

I

INTRODUÇÃO

UM SINAL DOS TEMPOS

1. A DIGNIDADE DA MULHER e a sua vocação — objeto constante de reflexão humana e cristã — têm assumido, em anos recentes, um relevo todo especial. Isso é demonstrado, entre outras coisas, *pelas intervenções do Magistério da Igreja,* refletidas nos vários documentos do *Concílio Vaticano II,* que afirma em sua Mensagem final: "Mas a hora vem, a hora chegou, em que a vocação da mulher se realiza em plenitude, a hora em que a mulher adquire no mundo uma influência, um alcance, um poder jamais alcançados até agora. Por isso, no momento em que a humanidade conhece uma mudança tão profunda, as mulheres iluminadas do espírito do Evange-

lho tanto podem ajudar para que a humanidade não decaia"[1]. *As palavras desta Mensagem* retomam o que já fora expresso no Magistério conciliar, especialmente na Constituição pastoral *Gaudium et Spes*[2] e no Decreto sobre o apostolado dos leigos, *Apostolicam Actuositatem*[3].

Tomadas de posição semelhantes verificaram-se no período pré-conciliar, por exemplo em não poucos discursos do Papa *Pio XII*[4] e na Encíclica *Pacem in Terris* do Papa *João XXIII*[5]. Após o Concílio Vaticano II, o meu predecessor *Paulo VI* explicitou o significado deste "sinal dos tempos", conferindo o título de Doutor da Igreja a Santa Teresa de Jesus e a Santa Catarina de Sena[6], e instituindo, além disso, a pedido da Assembléia do Sínodo dos Bispos, em 1971, uma *Comissão especial* cuja finalidade era estudar os problemas contemporâneos

---

[1] Mensagem do Concílio às Mulheres (8 de dezembro de 1965): *AAS* 58 (1966), 13-14.

[2] Cf. CONC. ECUM. VAT. II, Const. past. sobre a Igreja no mundo contemporâneo *Gaudium et Spes*, 8; 9; 60.

[3] Cf. CONC. ECUM. VAT. II, Decreto sobre o Apostolado dos leigos *Apostolicam Actuositatem*, 9.

[4] Cf. PIO XII, Alocução às mulheres italianas (21 de outubro de 1945): *AAS* 37 (1945), 284-295; Alocução à União Mundial das Organizações Femininas Católicas (24 de abril de 1952): *AAS* 44 (1952), 420-424; Discurso às participantes do XIV Congresso Internacional da União Mundial das Organizações Femininas Católicas (29 de setembro de 1957): *AAS* 49 (1957), 906-922.

[5] Cf. JOÃO XXIII, Carta Enc. *Pacem in Terris* (11 de abril de 1963): *AAS* 55 (1963), 267-268.

[6] Proclamação de Santa Teresa de Jesus "Doutor da Igreja universal" (27 de setembro de 1970): *AAS* 62 (1970), 590-596; proclamação de Santa Catarina de Sena "Doutor da Igreja universal" (4 de outubro de 1970): *AAS* 62 (1970), 673-678.

concernentes à *"promoção efetiva da dignidade e da responsabilidade das mulheres"*[7]. Num de seus discursos, o Papa Paulo VI declarou, entre outras coisas: "No cristianismo, de fato, mais que em qualquer outra religião, a mulher tem, desde as origens, um estatuto especial de dignidade, do qual o Novo Testamento nos atesta não poucos e não pequenos aspectos (...); aparece com evidência que a mulher é destinada a fazer parte da estrutura viva e operante do cristianismo de modo tão relevante que, talvez, ainda não tenham sido enucleadas todas as suas virtualidades"[8].

Os Padres da recente Assembléia do Sínodo dos Bispos (outubro de 1987), dedicada à "vocação e missão dos leigos na Igreja e no mundo vinte anos após o Concílio Vaticano II", voltaram a ocupar-se da dignidade e da vocação da mulher. Auspiciaram, entre outras coisas, o aprofundamento dos fundamentos antropológicos e teológicos necessários para resolver os problemas relativos ao significado e à dignidade do ser mulher e do ser homem. Trata-se de compreender a razão e as conseqüências da decisão do Criador de fazer existir o ser humano sempre e somente como mulher e como homem. Somente a partir destes fundamentos, que consentem colher em profundidade a dignidade e a vocação da mulher, é possível falar da sua presença ativa na Igreja e na sociedade.

---

[7] Cf. *AAS* 65 (1973), 284 s.

[8] PAULO VI, Discurso às participantes do Encontro Nacional do Centro Feminino Italiano (6 de dezembro de 1976): *Insegnamenti di Paolo VI*, XIV (1976), 1017.

É disso que entendo tratar no presente documento. A Exortação pós-sinodal, a ser publicada a seguir, apresentará as propostas de índole pastoral relativas ao lugar da mulher na Igreja e na sociedade, sobre as quais os Padres sinodais teceram importantes considerações, tendo avaliado também os testemunhos dos auditores leigos — mulheres e homens — provenientes das Igrejas particulares de todos os continentes.

O ANO MARIANO

2. O último Sínodo realizou-se *durante o Ano Mariano,* que oferece um incentivo particular para tratar do tema presente, como o indica também a Encíclica *Redemptoris Mater*[9]. Esta Encíclica desenvolve e atualiza o ensinamento do Concílio Vaticano II, contido no capítulo VIII da Constituição dogmática sobre a Igreja, *Lumen Gentium.* Esse capítulo traz um título significativo: *"A Bem-aventurada Virgem Maria, Mãe de Deus, no mistério de Cristo e da Igreja".* Maria — esta "mulher" da Bíblia (cf. Gn 3,15; Jo 2,4; 19,26) — pertence intimamente ao mistério salvífico de Cristo, e por isso está presente de modo especial também no mistério da Igreja. Porque "a Igreja é em Cristo como que o sacramento ... da íntima união com Deus e da unidade de todo o gêne-

---

[9] Cf. Carta Enc. *Redemptoris Mater* (25 de março de 1987), 46: *AAS* 79 (1987), 424 s.

ro humano"[10], a presença especial da Mãe de Deus no mistério da Igreja nos consente pensar no *vínculo excepcional entre esta "mulher" e toda a família humana*. Trata-se aqui de cada um e de cada uma, de todos os filhos e de todas as filhas do gênero humano, nos quais se realiza, no curso das gerações, aquela *herança fundamental* da humanidade inteira que está ligada ao mistério do "princípio" bíblico: "Deus criou o homem à sua imagem; à imagem de Deus o criou, homem e mulher os criou" (Gn 1,27)[11].

Esta *verdade* eterna *sobre o homem,* homem e mulher — verdade que está imutavelmente fixada também na experiência de todos — *constitui ao mesmo tempo o mistério que só "se torna claro verdadeiramente no Verbo encarnado* ... Cristo manifesta plenamente o homem ao próprio homem e lhe descobre a sua altíssima vocação", como ensina o Concílio[12]. Neste "manifestar o homem ao próprio homem" não será talvez preciso descobrir um lugar especial para a "mulher" que foi a Mãe de Cristo? A *"mensagem"* de Cristo, contida no Evangelho e que tem como pano de fundo toda a Escritura, An-

---

[10] CONC. ECUM. VAT. II, Const. dogm. sobre a Igreja *Lumen Gentium,* 1.

[11] Uma ilustração do significado antropológico e teológico do "princípio" encontra-se na Primeira Parte das Alocuções das Quartas-feiras dedicadas à "teologia do corpo", a partir do dia 5 de setembro de 1979: *Insegnamenti* II, 2 (1979) 234-236.

[12] CONC. ECUM. VAT. II, Const. past. sobre a Igreja no mundo contemporâneo *Gaudium et Spes,* 22.

tigo e Novo Testamentos, não poderá talvez dizer muito à Igreja e à humanidade sobre a dignidade e a vocação da mulher?

Este quer ser precisamente o fio condutor do presente documento, que se enquadra no amplo contexto do Ano Mariano, enquanto nos encaminhamos para o final do segundo milênio do nascimento de Cristo e o início do terceiro. E parece-me que o melhor seja *dar a este texto o estilo e o caráter de uma meditação.*

II
MULHER - MÃE DE DEUS
(THEOTÓKOS)

UNIÃO COM DEUS

"Ao chegar a plenitude dos tempos, *enviou Deus o seu Filho, nascido duma mulher.*" Com estas palavras da Carta aos Gálatas (4,4), o apóstolo Paulo une entre si os momentos principais que determinam essencialmente o cumprimento do mistério "preestabelecido em Deus" (cf. Ef 1,9). O Filho, Verbo consubstancial ao Pai, nasce como homem de uma mulher, quando chega a "plenitude dos tempos". Este acontecimento conduz ao *ponto-chave* da história do homem sobre a terra, entendida como história da salvação. É significativo que o apóstolo não chame a Mãe de Cristo com o nome próprio de "Maria", mas a defina como "mulher": isto estabelece uma concordância com as palavras do Proto-Evangelho no Livro do Gênesis (cf. 3,15). Precisamente essa "mulher" está presente no evento salvífico central, que decide da "plenitude dos tempos": esse evento realiza-se nela e por seu meio.

Inicia-se assim o *evento central, o evento-chave na história da salvação,* a Páscoa do Senhor. Contudo, vale talvez a pena reconsiderá-lo a partir da história espiritual do homem entendida no sentido mais amplo, tal como se exprime nas diversas religiões do mundo. Recorremos aqui às palavras do Concílio Vaticano II: *"Por meio de religiões diversas procuram os homens uma resposta* aos profundos enigmas para a condição humana, que tanto ontem como hoje afligem intimamente os espíritos dos homens, quais sejam: que é o homem, qual o sentido e fim de nossa vida, que é bem e que é pecado, qual a origem dos sofrimentos e qual sua finalidade, qual o caminho para obter a verdadeira felicidade, que é a morte, o julgamento e retribuição após a morte e, finalmente, que é *aquele supremo e inefável mistério que envolve nossa existência,* donde nos originamos e para o qual caminhamos[13]. "Desde a antiguidade até a época atual, encontra-se entre os diversos povos certa percepção daquela força misteriosa que preside o desenrolar das coisas e acontecimentos da vida humana, chegando mesmo às vezes ao conhecimento duma suprema divindade ou até do Pai."[14]

Sobre o pano de fundo desse vasto panorama, que põe em evidência as aspirações do espírito humano em busca de Deus — às vezes "caminhando quase às apalpadelas" (cf. At 17,27) — a "plenitude dos tempos", de

---

[13] CONC. ECUM. VAT. II, Decl. sobre as relações da Igreja com as religiões não-cristãs *Nostra Aetate,* 1.
[14] *Ibid.,* 2.

que fala Paulo na sua Carta, põe em relevo *a resposta do próprio Deus,* daquele "em quem vivemos, nos movemos e somos" (cf. At 17,28). Este é o Deus que "muitas vezes e de muitos modos falou outrora a nossos pais, nos profetas; nestes últimos tempos, falou a nós no Filho" (cf. Hb 1,1-2). O envio deste Filho, consubstancial ao Pai, como homem "nascido de mulher", constitui o *ponto* culminante e *definitivo da auto-revelação de Deus à humanidade.* Esta auto-revelação possui um *caráter salvífico,* como ensina em outra parte o Concílio Vaticano II: "Aprouve a Deus, em sua bondade e sabedoria, revelar-se a si mesmo e tornar conhecido o mistério de sua vontade (cf. Ef 1,9), pelo qual os homens, por intermédio do Cristo, Verbo feito carne, e no Espírito Santo, têm acesso ao Pai e se tornam participantes da natureza divina (cf. Ef 2,18; 2Pd 1,4)"[15].

A mulher encontra-se *no coração deste evento salvífico.* A auto-revelação de Deus, que é a imperscrutável unidade da Trindade, está contida, nas suas linhas fundamentais, *na Anunciação de Nazaré.* "Eis que conceberás e darás à luz um filho, ao qual porás o nome de Jesus. Ele será grande e será chamado Filho do Altíssimo." — "Como se realizará isso, pois não conheço homem?" — "Virá sobre ti o Espírito Santo e a potência do Altíssimo estenderá sobre ti a sua sombra. Por isso

---

[15] CONC. ECUM. VAT. II, Const. Dogm. sobre a Revelação divina *Dei Verbum,* 2.

mesmo o Santo que vai nascer será chamado Filho de Deus ... A Deus nada é impossível" (cf. Lc 1,31-37).[16]

É fácil pensar neste evento *na perspectiva da história de Israel,* o povo eleito do qual Maria descende; mas é fácil também pensá-lo na perspectiva de todos aqueles caminhos pelos quais a humanidade desde sempre procura resposta às interrogações fundamentais e, ao mesmo tempo, definitivas que mais a afligem. Não se encontra, talvez, na Anunciação de Nazaré, o início daquela resposta definitiva, mediante a qual *Deus mesmo vem ao encontro das inquietudes do coração humano?*[17] Aqui não se trata apenas de palavras de Deus reveladas através dos profetas; mas da resposta pela qual realmente "o Verbo se faz carne" (cf. Jo 1,14). *Maria alcança assim uma tal união com Deus que supera* todas as expectativas do espírito humano. Supera até mesmo as expectativas de todo Israel e, particularmente, das filhas deste povo escolhido; estas, tendo por base a promessa, podiam esperar que uma delas se tornasse um dia Mãe do Messias. Qual delas, todavia, podia supor que o Messias prometido seria o "Filho do Altíssimo"? A partir

---

[16] Já segundo os Padres da Igreja, a primeira revelação da Trindade no Novo Testamento deu-se na Anunciação. Numa homilia atribuída a S. GREGÓRIO, O TAUMATURGO, lê-se: "És esplendor de luz, ó Maria, no sublime reino espiritual! Em ti o Pai, que é sem princípio e cuja potência te cobriu, é glorificado. Em ti o Filho, que carregaste segundo a carne, é adorado. Em ti o Espírito Santo, que operou nas tuas entranhas o nascimento do grande Rei, é celebrado. É graças a ti, ó cheia de graça, que a Trindade santa e consubstancial pôde ser conhecida no mundo" (*Hom. 2 in Annuntiat. Virg. Mariae: PG* 10, 1169). Cf. também S. ANDREA DE CRETA, *In Annuntiat. B. Mariae: PG* 97, 909.

[17] CONC. ECUM. VAT. II, Decl. sobre as relações da Igreja com as religiões não-cristãs *Nostra Aetate,* 2.

da fé monoteísta do Antigo Testamento, isto se tornava dificilmente conjeturável. Só pela força do Espírito Santo, que "estendeu a sua sombra" sobre ela, Maria podia aceitar o que é "impossível para os homens, mas possível para Deus" (cf. Mc 10,27).

THEOTÓKOS

4. Assim a "plenitude dos tempos" manifesta a extraordinária dignidade da "mulher". Esta dignidade consiste, por um lado, *na elevação sobrenatural à união com Deus,* em Jesus Cristo, que determina a profundíssima finalidade da existência de todo homem, tanto na terra como na eternidade. Deste ponto de vista, a "mulher" é a representante e o arquétipo de todo o gênero humano: *representa a humanidade* que pertence a todos os seres humanos, quer homens quer mulheres. Por outro lado, porém, o evento de Nazaré põe em relevo uma forma de união com o Deus vivo que pode *pertencer somente à "mulher"*, Maria: a *união entre mãe e filho.* A Virgem de Nazaré torna-se, de fato, a Mãe de Deus.

Esta verdade, recebida desde o início da fé cristã, foi solenemente formulada no Concílio de Éfeso (a. 431)[18]. Contrapondo-se à opinião de Nestório, que

---

[18] A doutrina teológica sobre a Mãe de Deus (Theotókos), defendida por muitos Padres da Igreja, esclarecida e definida nos Concílios de Éfeso (*DS* 251) de Calcedônia (*DS* 301), foi reproposta pelo Concílio Vaticano II, no cap. VIII da Const. dogm. sobre a Igreja *Lumen Gentium,* 52-69. Cf. Carta Enc. *Redemptoris Mater,* 4,31-32, e as notas 9,78-83: *l. c.,* 365,402-404.

considerava Maria exclusivamente mãe de Jesus-homem, este Concílio salientou o significado essencial da maternidade da Virgem Maria. No momento da Anunciação, respondendo com o seu *"fiat"*, Maria concebeu um homem que era Filho de Deus, consubstancial ao Pai. Portanto, *é verdadeiramente a Mãe de Deus, uma vez que a maternidade diz respeito à pessoa inteira,* e não apenas ao corpo, nem tampouco apenas à "natureza" humana. Deste modo, o nome *"Theotókos"* — Mãe de Deus — tornou-se o nome próprio da união com Deus, concedida à Virgem Maria.

A união singular da "Theotókos" com Deus, que realiza do modo mais eminente a predestinação sobrenatural à união com o Pai prodigalizada a todo homem *("filii in Filio"),* é pura graça e, como tal, um *dom do Espírito*. Ao mesmo tempo, porém, mediante a resposta de fé, Maria exprime a sua livre vontade e, portanto, a plena participação do "eu" pessoal e feminino no evento da Encarnação. Com o seu *"fiat"*, *Maria torna-se o sujeito autêntico* da união com Deus que se realizou no mistério da Encarnação do Verbo consubstancial ao Pai. Toda ação de Deus na história dos homens respeita sempre a vontade livre do "eu" humano. O mesmo acontece na Anunciação em Nazaré.

"SERVIR QUER DIZER REINAR"

5. Este evento possui um caráter nitidamente *interpessoal:* é um diálogo. Não o compreendemos plenamente se não enquadrarmos toda a conversação entre o anjo e Maria na saudação: "cheia de graça"[19]. Todo o diálogo da Anunciação revela a dimensão essencial do evento: a dimensão *sobrenatural (kecharitoméne).* Mas a graça nunca dispensa nem anula a natureza, antes a aperfeiçoa e enobrece. Portanto, a *"plenitude de graça",* concedida à Virgem de Nazaré, em vista do seu tornar-se *"Theotókos",* significa, ao mesmo tempo, a *plenitude da perfeição daquilo "que é característico da mulher", daquilo "que é feminino".* Encontramo-nos aqui, em certo sentido, no ponto culminante, no arquétipo da dignidade pessoal da mulher.

Quando Maria responde às palavras do mensageiro celeste com o seu "fiat", a "cheia de graça" sente necessidade de exprimir a sua relação pessoal, a respeito do dom que lhe foi revelado, dizendo: *"Eis a serva do Senhor"* (Lc 1,38). Esta frase não pode ser privada nem diminuída do seu sentido profundo, tirando-a artificialmente de todo o contexto do evento e de todo o conteúdo da verdade revelada sobre Deus e sobre o homem. Na expressão "serva do Senhor" transparece toda a consciência de Maria de ser criatura em relação a Deus. Todavia, a palavra "serva", quase no fim do diálogo da

---

[19] Cf. Carta Enc. *Redemptoris Mater,* 7-11, e os textos dos Padres citados na nota 21: *l. c.,* 367-373.

Anunciação, se inscreve na perspectiva integral da história da Mãe e do Filho. Na verdade, este *Filho,* que é verdadeiro e consubstancial "Filho do Altíssimo", dirá muitas vezes de si, especialmente no momento culminante de sua missão: "o Filho do homem ... não veio para ser servido, mas para servir" (Mc 10,45).

Cristo está sempre consciente de ser "servo do Senhor", segundo a profecia de Isaías (cf. 42,1; 49,3.6; 52,13), na qual se encerra o conteúdo essencial da sua missão messiânica: a consciência de ser o Redentor do mundo. *Maria,* desde o primeiro instante da sua maternidade divina, da união com o seu Filho que "o Pai enviou ao mundo, para que o mundo fosse salvo por ele" (cf. Jo 3,17), *insere-se no serviço messiânico de Cristo*[20]. É precisamente este serviço que constitui o fundamento próprio do Reino, no qual "servir ... quer dizer reinar"[21]. Cristo, "Servo do Senhor", manifestará a todos os homens a dignidade real do serviço, com a qual anda estreitamente ligada a vocação de todo homem.

Assim, considerando a realidade mulher-Mãe de Deus, entramos da maneira mais oportuna na presente meditação do Ano Mariano. *Essa realidade determina também o horizonte essencial da reflexão sobre a dignidade e sobre a vocação da mulher.* Ao pensar, dizer ou fazer algo em ordem à dignidade e à vocação da mulher, não se devem separar deste horizonte o pensamento, o

---

[20] Cf. *ibid.,* 39-41: *l. c.,* 412-418.
[21] Cf. CONC. ECUM. VAT. II, Const. dogm. sobre a Igreja *Lumen Gentium,*

coração e as obras. A dignidade de todo homem e a vocação que a ela corresponde encontram a sua medida definitiva na *união com Deus*. Maria — a mulher da Bíblia — é a expressão mais acabada desta dignidade e desta vocação. De fato, o ser humano, homem ou mulher, criado à imagem e semelhança de Deus, não pode realizar-se fora da dimensão desta imagem e semelhança.

III

IMAGEM E SEMELHANÇA DE DEUS

O LIVRO DO GÊNESIS

6. Devemos colocar-nos no contexto do "princípio" bíblico, no qual a verdade revelada sobre o homem como "imagem e semelhança de Deus" constitui a *base* imutável *de toda a antropologia cristã*[22]. "Deus criou o homem à sua imagem; à imagem de Deus o criou, homem e mulher os criou" (Gn 1,27). Esta passagem concisa contém as verdades antropológicas fundamentais: o homem é o ápice de toda a ordem criada no mundo visível; o gênero humano, que se inicia com a chamada à existência do homem e da mulher, coroa toda a obra da criação; *os dois são seres humanos, em grau igual o homem e a mulher, ambos* criados *à imagem de Deus*. Esta imagem e semelhança com Deus, essencial para o homem, o ho-

---

[22] Cf. S. IRENEU, *Adv. Haer.* V, 16, 1; V, 16, 2-3: *S. Ch.* 153, 72-81 e 216-221; S. GREGÓRIO DE NISSA, *De hom. op.* 16: *PG* 44, 180; *In Cant. Cant. hom.* 2: *PG* 44, 805-808; S. AGOSTINHO, *In Ps.* 4, 8: *CCL* 38, 17.

mem e a mulher transmitem-na, como esposos e pais, aos seus descendentes: "Sede fecundos e multiplicai-vos, povoai a terra; submetei-a" (Gn 1,28). O Criador confia o "domínio" da terra ao gênero humano, a todas as pessoas, a todos os homens e a todas as mulheres, que haurem a sua dignidade e vocação do "princípio" comum.

No Gênesis encontramos ainda uma outra descrição da criação do homem — homem e mulher (cf. 2,18-25) — à qual nos referiremos em seguida. Desde agora, todavia, é preciso afirmar que da citação bíblica emerge a verdade sobre o caráter pessoal do ser humano. *O homem é uma pessoa, em igual medida o homem e a mulher:* os dois, na verdade, foram criados à imagem e semelhança do Deus pessoal. O que torna o homem semelhante a Deus é o fato de — diferentemente de todo o mundo das criaturas viventes, incluídos os entes dotados de sentidos *(animalia)* — ser também racional *(animal rationale)*[23]. Graças a esta propriedade, o homem e a mulher podem "dominar" as outras criaturas do mundo visível (cf. Gn 1,28).

Na *segunda descrição da criação do homem* (cf. Gn 2,18-25), a linguagem em que se expressa a verdade sobre a criação do homem e, especialmente, da mulher é diversa; em certo sentido, é menos precisa; é — poder-se-ia dizer — mais descritiva e metafórica, mais próxima da linguagem dos mitos então conhecidos. Todavia,

---

[23] "Persona est naturae rationalis individua substantia": M. SEVERINO BOEZIO, *Liber de persona et duabus naturis*, III: *PL* 64, 1343; cf. S. TOMÁS DE AQUINO, *Summa Theologica*, Iª, q. 29, a. 1.

não se encontra contradição essencial alguma entre os dois textos. O texto de Gênesis 2,18-25 ajuda a compreender bem o que encontramos na passagem concisa de Gênesis 1,27-28 e, ao mesmo tempo, se lido em conjunção com este, *ajuda a compreender de modo ainda mais profundo a verdade* fundamental aí contida *sobre o homem,* criado à imagem e semelhança de Deus como homem e mulher.

Na descrição de Gênesis 2,18-25, a mulher é criada por Deus "da costela" do homem e é colocada como um outro "eu", como um interlocutor junto ao homem, o qual, no mundo circunstante das criaturas animadas, está só e não encontra em nenhuma delas um "auxiliar" que lhe seja conforme. A mulher, chamada desse modo à existência, é imediatamente reconhecida pelo homem "como carne da sua carne e osso dos seus ossos" (cf. Gn 2,23), e precisamente por isto é chamada "mulher". Na linguagem bíblica este nome indica a identidade essencial com referência ao homem: *'iš - 'iššah,* o que, em geral, as línguas modernas infelizmente não conseguem exprimir. "Ela chamar-se-á mulher ('iššah), porque foi tirada do homem ('iš)" (Gn 2,23).

O texto bíblico fornece bases suficientes para reconhecer a igualdade essencial do homem e da mulher do ponto de vista da humanidade[24]. Ambos, desde o início,

---

[24] Entre os Padres da Igreja que afirmam a igualdade fundamental do homem e da mulher diante de Deus, cf. ORÍGENES, *In Iesu nave* IX, 9: *PG* 12, 878; CLEMENTE DE ALEXANDRIA, *Paed.* I, 4: S. *Ch.* 70, 128-131; S. AGOSTINHO, *Sermo* 51, II, 3: *PL* 38, 334-335.

são pessoas, à diferença dos outros seres vivos do mundo que os circunda. *A mulher é um outro "eu" na comum humanidade.* Desde o início aparecem como "unidade dos dois", e isto significa a superação da solidão originária, na qual o homem não encontra um "auxiliar que lhe seja semelhante" (Gn 2,20). Trata-se aqui do "auxiliar" só na ação, no "submeter a terra" (cf. Gn 1,28)? Certamente se trata da companheira da vida, com a qual o homem pode unir-se como a uma esposa, tornando-se com ela "uma só carne" e abandonando por isso "seu pai e sua mãe" (cf. Gn 2,24). A descrição bíblica, por conseguinte, fala da *instituição,* por parte de Deus, *do matrimônio* contextualmente com a criação do homem e da mulher como condição indispensável para a transmissão da vida às novas gerações dos homens, à qual o matrimônio e o amor conjugal são, por sua natureza, ordenados: "Sede fecundos e multiplicai-vos, povoai a terra; submetei-a" (Gn 1,28).

PESSOA - COMUNHÃO - DOM

7. Penetrando com o pensamento no conjunto da descrição de Gênesis 2,18-25 e interpretando-a à luz da verdade sobre a imagem e semelhança de Deus (cf. Gn 1,26-27), podemos *compreender* ainda *mais plenamente em que consiste o caráter pessoal* do ser humano, graças ao qual ambos — o homem e a mulher — são semelhantes a Deus. Cada homem, com efeito, é à imagem de Deus enquanto criatura racional e livre, capaz de conhecê-lo e

de amá-lo. Lemos também que o homem não pode existir "só" (cf. Gn 2,18); pode existir somente como "unidade dos dois", e portanto *em relação a uma outra pessoa humana*. Trata-se de uma relação recíproca: do homem para com a mulher e da mulher para com o homem. Ser pessoa à imagem e semelhança de Deus comporta, pois, também um existir em relação, em referência ao outro "eu". Isto preludia a definitiva auto-revelação de Deus uno e trino: unidade viva na comunhão do Pai, do Filho e do Espírito Santo.

No início da Bíblia, não se ouve ainda dizer isto diretamente. Todo o Antigo Testamento é sobretudo a revelação da verdade sobre a unicidade e unidade de Deus. Nesta verdade fundamental sobre Deus o Novo Testamento introduzirá a revelação do mistério imperscrutável da vida íntima de Deus. *Deus,* que se dá a conhecer aos homens por meio de Cristo, é *unidade na Trindade:* é unidade na comunhão. Desse modo lança-se uma nova luz também sobre a semelhança e imagem de Deus no homem, de que fala o Livro do Gênesis. O fato de o homem, criado como homem e mulher, ser imagem de Deus não significa apenas que cada um deles, individualmente, é semelhante a Deus enquanto ser racional e livre; significa também que o homem e a mulher, criados como "unidade dos dois" na comum humanidade, são chamados a viver uma comunhão de amor e, desse modo, a refletir no mundo a comunhão de amor que é própria de Deus, pela qual as três Pessoas se amam no íntimo mistério da única vida divina. O Pai, o Filho e o Espírito Santo, um só Deus pela unidade da divindade, existem como pessoas pelas imperscrutáveis relações divinas. Somente assim se torna compreensível a verdade que Deus em si mesmo é amor (cf. 1Jo 4,16).

A imagem e semelhança de Deus no homem, criado como homem e mulher (pela analogia que se pode presumir entre o Criador e a criatura), exprime portanto também a "unidade dos dois" na comum humanidade. Esta "unidade dos dois", que é sinal da comunhão interpessoal, *indica que na criação do homem* foi inscrita também uma certa semelhança com a comunhão divina *("communio")*. Esta semelhança foi inscrita como qualidade do ser pessoal dos dois, do homem e da mulher, e, conjuntamente, como uma chamada e um empenho. Na imagem e semelhança de Deus que o gênero humano traz consigo desde o "princípio", radica-se o fundamento de todo o *"ethos" humano:* o Antigo e o Novo Testamento irão desenvolver esse "ethos", cujo vértice é *o mandamento do amor*[25].

Na "unidade dos dois", o homem e a mulher são chamados, desde o início, não só a existir "um ao lado do outro" ou "juntos", mas também a *existir reciprocamente "um para outro"*.

Assim se explica também o significado daquele "auxiliar" de que se fala em Gênesis 2,18-25: *"Dar-lhe-ei um auxiliar que lhe seja semelhante"*. O contexto bí-

---

[25] Diz S. GREGÓRIO DE NISSA: "Deus é também amor e fonte de amor. O grande São João diz isto: 'O amor vem de Deus' e 'Deus é amor' (1Jo 4,7.8). O Criador imprimiu em nós este caráter. 'Nisto todos reconhecerão que sois meus discípulos, se tiverdes amor uns pelos outros' (Jo 13,35). Portanto, se este faltar, toda a imagem fica desfigurada" (*De hom. op.* 5: *PG* 44, 137).

blico permite entendê-lo também no sentido de que a mulher deve "auxiliar" o homem — e que este, por sua vez, deve ajudar a ela — em primeiro lugar por causa do seu idêntico "ser pessoa humana": isto, em certo sentido, permite a ambos descobrirem sempre de novo e confirmarem o sentido integral da própria humanidade. É fácil compreender que — neste plano fundamental — se trata de *um "auxiliar" de ambas as partes e de um "auxiliar" recíproco*. Humanidade significa chamada à comunhão interpessoal. O texto de Gênesis 2,18-25 indica que o matrimônio é a primeira e, num certo sentido, a fundamental dimensão desta chamada. Não é, porém, a única. Toda a história do homem sobre a terra realiza-se no âmbito dessa chamada. Na base do princípio do recíproco ser "para" o outro, na "comunhão" interpessoal, desenvolve-se nesta história a integração na própria humanidade, querida por Deus, *daquilo que é "masculino" e daquilo que é "feminino"*. Os textos bíblicos, começando pelo Gênesis, permitem-nos reencontrar constantemente o terreno no qual se enraíza a verdade sobre o homem, um terreno sólido e inviolável em meio a tantas transformações da existência humana.

Esta verdade refere-se também *à história da salvação*. A este respeito, um enunciado do Concílio Vaticano II é particularmente significativo. No capítulo sobre a "comunidade dos homens" da Constituição pastoral *Gaudium et Spes,* lemos: "Quando o Senhor Jesus reza ao Pai que 'todos sejam um ... como nós somos um' (Jo 17,21-22), abre perspectivas inacessíveis à razão humana e sugere *alguma semelhança* entre a união das Pessoas divinas e a união dos filhos de Deus na verdade e na caridade. Esta semelhança manifesta que o homem, única criatura na terra que Deus quis por si mesma, não pode se encontrar plenamente senão por um dom sincero de si mesmo"[26].

Com estas palavras o texto conciliar apresenta sinteticamente o conjunto da verdade sobre o homem e sobre a mulher — verdade que se delineia já nos primeiros capítulos do Livro do Gênesis — como a própria estrutura que sustenta a antropologia bíblica e cristã. *O homem* — tanto homem como mulher — *é o único ser entre as criaturas* do mundo visível *que Deus Criador "quis por si mesmo":* é, portanto, uma pessoa. O ser pessoa significa tender à propria realização (o texto conciliar diz "se encontrar"), que não se pode alcançar *"senão por um dom sincero de si mesmo".* Modelo de tal interpretação da pessoa é Deus mesmo como Trindade, como comunhão de Pessoas. Dizer que o homem é criado à imagem e semelhança deste Deus quer dizer também que o homem é chamado a existir "para" os outros, a tornar-se um dom.

Isso diz respeito a todo ser humano, seja homem, seja mulher; estes o atuam na peculiaridade própria a cada um. No âmbito da presente meditação sobre a dignidade e a vocação da mulher, esta verdade sobre o ser humano constitui *o ponto de partida indispensável.* Já o

---

[26] CONC. ECUM. VAT. II, Const. past. sobre a Igreja no mundo contemporâneo *Gaudium et Spes,* 24.

Livro do Gênesis permite entrever, como num primeiro esboço, esse caráter esponsal da relação entre as pessoas, terreno sobre o qual se desenvolverá, a seguir, a verdade sobre a maternidade, e também sobre a virgindade, como duas dimensões particulares da vocação da mulher à luz da Revelação divina. Estas duas dimensões vão encontrar a sua expressão mais alta no advento da "plenitude dos tempos" (cf. Gl 4,4) na figura da "mulher" de Nazaré: *Mãe-Virgem*.

O ANTROPOMORFISMO
DA LINGUAGEM BÍBLICA

8. A apresentação do homem como "imagem e semelhança de Deus", logo no início da Sagrada Escritura, reveste-se *também de outro significado*. Este fato constitui a chave para compreender a Revelação bíblica como um discurso de Deus sobre si mesmo. Falando de si, seja "pelos profetas, seja por meio do Filho" (cf. Hb 1,1-2) feito homem, *Deus fala com linguagem humana,* faz uso de conceitos e imagens humanas. Se este modo de exprimir-se é caracterizado por um certo antropomorfismo, a razão está no fato de que o homem é "semelhante" a Deus: criado à sua imagem e semelhança. E então *também Deus é*, de algum modo, "semelhante ao homem" e, precisamente com base nesta semelhança, ele pode ser conhecido pelos homens. Ao mesmo tempo, a linguagem da Bíblia é suficientemente precisa para indicar os limites da "semelhança", os limites da "analogia". Com efei-

to, a revelação bíblica afirma que, se é verdadeira a "semelhança" do homem com Deus, é *essencialmente mais verdadeira ainda a "não-semelhança"*[27], que separa do Criador toda a criação. Em última análise, para o homem criado à semelhança de Deus, Deus não cessa de ser "aquele que habita numa luz inacessível" (1Tm 6,16): é o "Diverso" por essência, o "totalmente Outro".

Esta observação sobre os limites da analogia — limites da semelhança do homem com Deus na linguagem bíblica — deve ser levada em consideração também quando, em diversas passagens da Sagrada Escritura (especialmente no Antigo Testamento), encontramos *comparações que atribuem a Deus qualidades "masculinas" ou "femininas"*. Encontramos nessas comparações a confirmação indireta da verdade de que ambos, tanto o homem como a mulher, foram criados à imagem e semelhança de Deus. Se existe semelhança entre o Criador e as criaturas, é compreensível que a Bíblia tenha usado, a esse respeito, expressões que lhe atribuem qualidades quer "masculinas" quer "femininas".

Lembramos aqui algumas passagens características do profeta *Isaías:* "Dissera Sião: "Javé abandonou-me, o Senhor esqueceu-se de mim". *Pode, acaso, uma mãe esquecer* o próprio filhinho, não se enternecer pelo fruto das suas entranhas? Pois bem; ainda que tais mulheres dele se esqueçam, *eu,* porém, *não* me esquecerei de ti"

---

[27] Cf. Nm 23,19; Os 11,9; Is 40,18; 46,5; cf., além disso, CONC. LATERANENSE IV (*DS* 806).

(49,14-15). E noutra passagem: *"Como* alguém que é consolado pela *própria mãe,* assim eu vos consolarei; e em Jerusalém recebereis conforto" (Is 66,13). Também nos Salmos Deus é comparado a uma mãe pressurosa: "Como a criança desmamada no regaço da mãe, como uma criança desmamada está minh'alma. Espera, Israel, no Senhor" (Sl 131, 2-3). Em diversos trechos o amor de Deus, solícito para com o seu povo, é apresentado como semelhante ao amor de uma mãe: tal *como uma mãe, Deus* "carregou" a humanidade e, particularmente, o seu povo escolhido no próprio seio, deu-o à luz na dor, nutriu-o e consolou-o (cf. Is 42,14; 46,3-4). O amor de Deus é apresentado em muitos trechos como amor "masculino" de esposo e pai (cf. Os 11,1-4; Jr 3,4-19), mas, às vezes, também como amor "feminino" de mãe.

Esta característica da linguagem bíblica, o seu modo antropomórfico de falar de Deus, *indica* também indiretamente *o mistério do eterno "gerar",* que pertence à vida íntima de Deus. Todavia, este "gerar" em si mesmo não possui qualidades "masculinas" nem "femininas". É de natureza totalmente divina. É espiritual do modo mais perfeito, pois "Deus é espírito" (Jo 4,24) e não possui nenhuma propriedade típica do corpo, nem "feminina" nem "masculina". Por conseguinte, também a *"paternidade" em Deus é totalmente divina,* livre da característica corporal "masculina", que é própria da paternidade humana. Neste sentido, o Antigo Testamento falava de Deus como de um Pai e se dirigia a ele como a um Pai. Jesus Cristo, que pôs esta verdade no próprio centro do seu Evangelho como norma da oração cristã, e que se dirigia a Deus chamando-o: "Abá - Pai" (Mc 14,36), como Filho unigênito e consubstancial, indicava a paternidade neste sentido ultracorporal, sobre-humano, totalmente divino. Falava como Filho, unido ao Pai pelo mistério eterno do gerar divino, e o fazia sendo ao mesmo tempo Filho autenticamente humano da sua Mãe Virgem.

Se à geração eterna do Verbo de Deus não se podem atribuir qualidades humanas, nem a paternidade divina possui caracteres "masculinos" em sentido físico, contudo o *modelo* absoluto de toda *"geração"* dos seres humanos no mundo deve ser procurado em Deus. Nesse sentido — parece — lemos na *Carta aos Efésios:* "Dobro os joelhos diante do Pai, de quem recebe o nome toda a paternidade quer nos céus, quer na terra" (3,14-15). Todo "gerar" na dimensão das criaturas encontra o seu primeiro modelo no gerar que em Deus é de modo completamente divino, isto é, espiritual. A este modelo absoluto, não-criado, é assimilado todo "gerar" no mundo criado. Por isso, tudo quanto no gerar humano é próprio do homem, como também tudo quanto é próprio da mulher, isto é, a *"paternidade"* e a *"maternidade"* humanas, trazem em si a semelhança, ou seja, a analogia com o "gerar" divino e com a "paternidade" que em Deus é "totalmente diversa": completamente espiritual e divina por essência. Na ordem humana, ao invés, o gerar é próprio da "unidade dos dois": um e outro são "genitores", tanto o homem como a mulher.

IV

EVA - MARIA

O "PRINCÍPIO" E O PECADO

9. "Constituído por Deus em estado de justiça, o homem, porém, tentado pelo Maligno, desde o início da história abusou de sua liberdade. Levanta-se contra Deus desejando atingir o seu fim fora dele."[28] Com estas palavras, o ensinamento do último Concílio recorda a doutrina revelada sobre o pecado e, em particular, sobre o primeiro pecado, que é o pecado original. O "princípio" bíblico — a criação do mundo e do homem no mundo — *contém,* ao mesmo tempo, a *verdade* sobre *este pecado,* que pode ser chamado também o pecado do "princípio" do homem sobre a terra. Embora o que está escrito no Livro do Gênesis venha expresso em forma de narração simbólica, como no caso da descrição da cria-

---

[28] CONC. ECUM. VAT. II, Const. past. sobre a Igreja no mundo contemporâneo *Gaudium et Spes,* 13.

ção do homem como homem e mulher (cf. Gn 2,18-25), mesmo assim revela aquilo a que é preciso chamar "o mistério do pecado" e, mais plenamente ainda, "o mistério do mal" existente no mundo criado por Deus.

Não é possível ler "o mistério do pecado" sem fazer referência a toda a verdade sobre a "imagem e semelhança" com Deus, que está na base da antropologia bíblica. Esta verdade apresenta a criação do homem como uma doação especial por parte do Criador, na qual estão contidos não só o fundamento e a fonte da dignidade essencial do ser humano — homem e mulher — no mundo criado, mas também *o início do chamamento dos dois a participarem da vida íntima do próprio Deus*. À luz da Revelação, *criação significa ao mesmo tempo início da história da salvação*. Exatamente neste início o pecado se inscreve e se configura como contraste e negação.

Pode-se dizer paradoxalmente que o pecado, apresentado em Gênesis (c. 3), é a confirmação da verdade sobre a imagem e semelhança de Deus no homem, se esta verdade significa a liberdade, isto é, o livre arbítrio, com o uso da qual o homem pode escolher o bem, mas pode também abusar escolhendo, contra a vontade de Deus, o mal. No seu significado essencial, todavia, o pecado é a negação daquilo que Deus é — como Criador — em relação ao homem, e daquilo que Deus quer, desde o início e para sempre, para o homem. Criando o homem e a mulher à sua imagem e semelhança, Deus quer para eles a plenitude do bem, ou seja, a felicidade sobrenatural, que deriva da participação na sua própria vida. *Cometendo o pecado, o homem rejeita este dom* e, ao mesmo tempo, quer tornar-se "como Deus, conhecendo o bem e o mal" (Gn 3,5), isto é, decidindo sobre o bem e o mal independentemente de Deus, seu Criador. O pecado das origens tem a sua "medida" humana, a sua dimensão interior na vontade livre do homem e juntamente traz em si uma certa característica "diabólica"[29], como é claramente posto em relevo no Livro do Gênesis (3,1-5). O pecado opera a ruptura da unidade originária, da qual o homem gozava no estado de justiça original: a união com Deus como fonte da unidade no interior do próprio "eu", na relação recíproca do homem e da mulher *("communio personarum")* e, enfim, em face do mundo exterior e à natureza.

A descrição bíblica do pecado original em Gênesis (c. 3) de certo modo "distribui os papéis" que nele desempenharam a mulher e o homem. A isto farão referência ainda mais tarde algumas passagens da Bíblia, como, por exemplo, a Carta de São Paulo a *Timóteo*: "Adão foi formado primeiro e depois Eva. E não foi Adão o seduzido; mas a mulher (1Tm 2,13-14). Não há dúvida, porém, que, independentemente desta "distribuição das partes" na descrição bíblica, *esse primeiro pecado é o pecado do homem,* criado por Deus homem e mulher. Esse é também *o pecado dos "primeiros pais",* ao qual se prende o seu caráter hereditário. Neste sentido, chamamo-lo "pecado original".

---

[29] "Diabólico" — do grego "dia-ballô" = "divido, separo, calunio".

Esse pecado, como já foi dito, *não pode ser entendido adequadamente se não se referir ao mistério da criação* do ser humano — homem e mulher — *à imagem e semelhança de Deus.* Através dessa referência se pode entender também o mistério da "não-semelhança" com Deus, na qual consiste o pecado, e que se manifesta no mal presente na história do mundo; da "não-semelhança" com Deus, o único que é bom (cf. Mt 19,17) e que é a plenitude do bem. Se esta "não-semelhança" do pecado com Deus, a própria Santidade, pressupõe a "semelhança" no campo da liberdade, do livre arbítrio, pode-se dizer então que, precisamente por esta razão, *a "não-semelhança" contida no pecado* é tanto mais dramática e tanto mais dolorosa. É preciso também admitir que Deus, como Criador e Pai, é aqui atingido, "ofendido" e, obviamente, ofendido no coração mesmo da doação que faz parte do desígnio eterno de Deus sobre o homem.

Ao mesmo tempo, porém, também *o ser humano — homem e mulher — é atingido pelo mal do pecado, do qual é autor.* O texto bíblico de Gênesis (c. 3) mostra-o com as palavras que descrevem claramente a nova situação do homem no mundo criado. Ele mostra a perspectiva da "fadiga" com que o homem há de procurar os meios para viver (cf. Gn 3,17-19), bem como a das grandes "dores" em meio às quais a mulher dará à luz seus filhos (cf. Gn 3,16). Tudo isto, depois, é marcado pela necessidade da morte, que constitui o termo da vida humana sobre a terra. Deste modo o homem, como pó, "voltará à terra, porque dela foi tirado": "porque és pó, e em pó te hás de tornar" (cf. Gn 3,19).

Estas palavras confirmam-se de geração em geração. Elas não significam que *a imagem e a semelhança de Deus no ser humano,* quer mulher quer homem, foi destruída pelo pecado; significam, ao contrário, que foi *"ofuscada"*[30] e, em certo sentido, "diminuída". Na verdade, o pecado "diminui" o homem, como recorda também o Concílio Vaticano II[31]. Se o homem, já pela sua própria natureza de pessoa, é imagem e semelhança de Deus, então a sua grandeza e dignidade se realizam na aliança com Deus, na união com ele, no fato de procurar a unidade fundamental que pertence à "lógica" interior do mistério próprio da criação. Essa unidade corresponde à verdade profunda de todas as criaturas dotadas de inteligência e, em particular, do homem, o qual, entre as criaturas do mundo visível, desde o início foi *elevado,* mediante a eleição eterna por parte de Deus em Jesus: "Em Cristo ... ele nos elegeu antes da criação do mundo ... Por puro amor ele nos predestinou a sermos por ele adotados por filhos, por intermédio de Jesus Cristo, segundo o beneplácito da sua vontade" (cf. Ef 1,4-6). O ensinamento bíblico, em seu conjunto, consente-nos dizer que a predestinação diz respeito a todas as pessoas humanas, a homens e mulheres, a cada um e cada uma, sem exceção.

---

[30] Cf. ORÍGENES, *In Gen. hom.* 13, 4: *PG* 12, 234; S. GREGÓRIO DE NISSA, *De virg.* 12: *S. Ch.* 119, 404-419; *De beat.* VI: *PG* 44, 1272.
[31] Cf. CONC. ECUM. VAT. II, Const. past. sobre a Igreja no mundo contemporâneo *Gaudium et Spes,* 13.

"ELE TE DOMINARÁ"

10. A descrição bíblica do Livro do Gênesis delineia a verdade sobre as conseqüências do pecado do homem, como indica também *a perturbação da relação* original *entre o homem e a mulher* que corresponde à dignidade pessoal de cada um deles. O ser humano, tanto homem como mulher, é uma pessoa e, por conseguinte, "a única criatura na terra que Deus quis por si mesma"; e, ao mesmo tempo, precisamente esta criatura única e irrepetível "não pode se encontrar plenamente senão por um dom sincero de si mesma"[32]. Daqui se origina a relação de "comunhão", na qual se exprimem a "unidade dos dois" e a dignidade pessoal tanto do homem como da mulher. Quando lemos, pois, na descrição bíblica, as palavras dirigidas à mulher: *"sentir-te-ás atraída para o teu marido, e ele te dominará"* (Gn 3,16), descobrimos uma ruptura e uma constante ameaça precisamente a respeito desta "unidade dos dois", que corresponde à dignidade da imagem e da semelhança de Deus em ambos. Tal ameaça resulta, porém, mais grave para a mulher. Com efeito, ao ser um dom sincero, e por isso ao viver "para" o outro, sucede o domínio: "ele te dominará". Este "domínio" indica a perturbação e *a perda da estabilidade* da *igualdade fundamental,* que na "unidade dos dois" possuem o homem e a mulher: e isto vem sobretudo em desfavor da mulher, porquanto somente a igualdade, resultante da dignidade de ambos como pessoas, pode dar

---

[32] Cf. *ibid.,* 24.

às relações recíprocas o caráter de uma autêntica *"communio personarum"* (comunhão de pessoas). Se a violação desta igualdade, que é conjuntamente dom e direito que derivam do próprio Deus Criador, comporta um elemento em desfavor da mulher, ao mesmo tempo tal violação diminui também a verdadeira dignidade do homem. Tocamos aqui *um ponto extremamente sensível na dimensão do "ethos"*, inscrito originariamente pelo Criador já no fato mesmo da criação de ambos à sua imagem e semelhança.

Esta afirmação de Gênesis 3,16 tem um grande e significativo alcance. Ela implica uma referência à relação recíproca entre o homem e a mulher *no matrimônio*. Trata-se do desejo nascido no clima do amor esponsal, que faz com que "o dom sincero de si mesmo" da parte da mulher encontre resposta e complemento num "dom" análogo da parte do marido. Somente apoiados neste princípio podem os dois, e em particular a mulher, "encontrar-se" como verdadeira "unidade dos dois" segundo a dignidade da pessoa. A união matrimonial exige o respeito e o aperfeiçoamento da verdadeira subjetividade pessoal dos dois. *A mulher não pode tornar-se "objeto" de "domínio" e de "posse" do homem*. Mas as palavras do texto bíblico referem-se diretamente ao pecado original e às suas conseqüências duradouras no homem e na mulher. Onerados pela pecaminosidade hereditária, carregam em si a constante *"causa do pecado"*, ou seja, a tendência a ferir a ordem moral, que corresponde à própria natureza racional e à dignidade do ser humano como pessoa. Esta tendência exprime-se *na tríplice concupiscência,* que o texto apostólico precisa como concupiscência dos olhos, concupiscência da carne e fausto da vida (cf. 1Jo 2,16). As palavras do Gênesis, já citadas (3,16), indicam de que modo esta tríplice concupiscência, como "causa do pecado", pesará sobre a relação recíproca entre homem e mulher.

Essas mesmas palavras se referem diretamente ao matrimônio, mas indiretamente *abrangem os diversos campos da convivência social:* as situações em que a mulher permanece em desvantagem ou é discriminada pelo fato de ser mulher. A verdade revelada sobre a criação do homem como homem e mulher constitui o principal argumento contra todas as situações que, sendo objetivamente prejudiciais, isto é, injustas, contêm e exprimem a herança do pecado que todos os seres humanos trazem em si. Os Livros da Sagrada Escritura confirmam em vários pontos *a existência efetiva de tais situações* e juntamente proclamam a necessidade de converter-se, isto é, de purificar-se do mal e de libertar-se do pecado: de tudo aquilo que ofende o outro, que "diminui" o homem, não só aquele a quem se ofende, mas também aquele que comete a ofensa. Essa é a mensagem imutável da Palavra revelada de Deus. Nisso se exprime o "ethos" bíblico até o fim[33].

---

[33] É precisamente recorrendo à lei divina que os Padres do século IV reagiram fortemente contra a discriminação ainda em vigor, a respeito da mulher, nos costumes e na legislação civil do seu tempo. Cf. S. GREGÓRIO NAZIANZENO, *Or.* 37, 6: *PG* 36, 290; S. JERÔNIMO, *Ad Oceanum ep.* 77, 3: *PL* 22, 691; S. AMBRÓSIO, *De instit. virg.* III, 16: *PL* 16, 309; S. AGOSTINHO, *Sermo* 132, 2: *PL* 38, 735; *Sermo* 392, 4: *PL* 39, 1711.

Nos nossos dias a questão dos "direitos da mulher" tem adquirido um novo significado no amplo contexto dos direitos da pessoa humana. Iluminando este programa, constantemente declarado e de várias maneiras recordado, *a mensagem bíblica e evangélica guarda a verdade sobre a "unidade" dos "dois"*, isto é, sobre a dignidade e a vocação que resultam da diversidade específica e originalidade pessoal do homem e da mulher. Por isso, também a justa oposição da mulher em face daquilo que exprimem as palavras bíblicas: "ele te dominará" (Gn 3,16) não pode, sob pretexto algum, conduzir à "masculinização" das mulheres. A mulher — em nome da libertação do "domínio" do homem — não pode tender à apropriação das características masculinas, contra a sua própria "originalidade" feminina. Existe o temor fundado de que por este caminho a mulher não se "realizará", mas poderia, ao invés, *deformar e perder aquilo que constitui a sua riqueza essencial*. Trata-se de uma riqueza imensa. Na descrição bíblica, a exclamação do primeiro homem à vista da mulher criada é uma exclamação de admiração e de encanto, que atravessa toda a história do homem sobre a terra.

Os recursos pessoais da feminilidade certamente não são menores que os recursos da masculinidade, mas são diversos. A mulher, portanto, — como, de resto, também o homem — deve entender a sua "realização" como pessoa, a sua dignidade e vocação, em função destes recursos, segundo a riqueza da feminilidade, que ela recebeu no dia da criação e que herda como expressão, que lhe é peculiar, da "imagem e semelhança de Deus". Somente por este caminho pode ser *superada também aquela herança do pecado* que é sugerida nas palavras da Bíblia: "sentir-te-ás atraída para o teu marido, e ele te dominará". A superação desta má herança é, de geração em geração, dever de todo homem, seja homem, seja mulher. Efetivamente, em todos os casos em que o homem é responsável de quanto ofende a dignidade pessoal e a vocação da mulher, ele age contra a própria dignidade pessoal e a própria vocação.

PROTO-EVANGELHO

11. O Livro do Gênesis atesta o pecado, que é o mal do "princípio" do homem, as suas conseqüências que desde então pesam sobre todo o gênero humano, e juntamente contém *o primeiro anúncio da vitória* sobre o mal, *sobre o pecado*. Provam-no as palavras que lemos em Gênesis 3,15, habitualmente ditas *"Proto-Evangelho"*: "Porei inimizade entre ti e a mulher, e entre a tua descendência e a dela; esta te esmagará a cabeça enquanto tu te lanças contra o seu calcanhar". É significativo que o anúncio do Redentor, do Salvador do mundo, contido nestas palavras, se refira à "mulher". Esta é nomeada em primeiro lugar no Proto-Evangelho como progenitora daquele que será o Redentor do homem[34]. E se a Reden-

---

[34] Cf. S. IRINEU, *Adv. Haer.* III, 23, 7: *S. Ch.* 211, 462-465; V, 21, 1: *S. Ch.* 153, 260-265; S. EPIFÂNIO, *Panar.* III, 2, 78: *PG* 42, 728-729; S. AGOSTINHO, *Enarr. in Ps.* 103, s. 4, 6: *CCL*, 1525.

ção deve realizar-se mediante a luta contra o mal, por meio da "inimizade" entre a estirpe da mulher e a estirpe daquele que, como "pai da mentira" (Jo 8,44), é o primeiro autor do pecado na história do homem, esta será também *a inimizade entre ele e a mulher*.

Nessas palavras desvela-se a perspectiva de toda a Revelação, primeiro como preparação ao Evangelho e depois como próprio Evangelho. Nesta perspectiva convergem, sob o *nome da mulher,* as duas figuras femininas: *Eva* e *Maria.*

As palavras do Proto-Evangelho, relidas à luz do Novo Testamento, exprimem adequadamente a missão da mulher na luta salvífica do redentor contra o autor do mal na história do homem.

O confronto Eva-Maria retorna constantemente no curso da reflexão sobre o depósito da fé recebida da Revelação divina, e é um dos temas retomados freqüentemente pelos Padres, pelos escritores eclesiásticos e pelos teólogos[35]. Habitualmente, nesta comparação surge à pri-

---

[35] Cf. S. JUSTINO, *Dial. cumThryph.* 100: *PG* 6, 709-712; S. IRENEU, *Adv. Haer.* III, 22, 4: *S. Ch.* 211, 438-445; V, 19, 1: *S. Ch.* 153, 248-251; S. CIRILO DE JERUSALÉM, *Catech.* 12, 15: *PG* 33, 741; S. JOÃO CRISÓSTOMO, *In Ps.* 44, 7: *PG* 55, 193; S. JOÃO DAMASCENO, *Hom. 2 in dorm. B.M.V.* 3: *S. Ch.* 80, 130-135; HESÍQUIO, *Sermo 5 in Deiparam: PG* 93, 1464 s.; TERTULIANO, *De Carne Christi* 17: *CCL* 2, 904 s.; S. JERÔNIMO, *Epist.* 22, 21: *PL* 22, 408; S. AGOSTINHO, *Sermo* 51, 2-3: *PL* 38, 335; *Sermo* 232, 2: *PL* 38, 1108; J. H. NEWMAN, *A Letter to the rev. E. B. Pusey,* Longmans, London 1865 (trad. it. *Lettera al rev. Pusey su Maria e la vita cristiana,* Roma 1975); M. J. SCHEEBEN, *Handbuch der Katholischen Dogmatik,* V/1 (Freiburg 1954²), 243-266; V/2 (Freiburg 1954²), 306-499.

meira vista uma diferença, uma contraposição. *Eva, como "mãe de todos os viventes"* (Gn 3,20), é *testemunha do "princípio" bíblico,* no qual estão contidas a verdade sobre a criação do homem à imagem e semelhança de Deus e a verdade sobre o pecado original. *Maria é testemunha do novo "princípio"* e da "nova criatura" (cf. 2Cor 5,17). Ou melhor, ela mesma, como a primeira redimida na história da salvação, é "nova criatura": é a "cheia de graça". É difícil compreender por que as palavras do Proto-Evangelho realcem tão fortemente a "mulher", se não se admite que *com ela se inicia a nova e definitiva aliança* de Deus com a humanidade, a *aliança* no sangue redentor de Cristo. Essa aliança inicia-se com uma mulher, a "mulher", na Anunciação em Nazaré. Esta é a novidade absoluta do Evangelho: outras vezes no Antigo Testamento, Deus, para intervir na história do seu Povo, dirigiu-se a mulheres, como a mãe de Samuel e de Sansão; mas, para estipular a sua aliança com a humanidade, dirigiu-se somente a homens: *Noé, Abraão, Moisés.* No início da Nova Aliança, que deve ser eterna e irrevogável, está a mulher: a Virgem de Nazaré. Trata-se de um *sinal* indicativo de que "em Jesus Cristo" *"não há homem nem mulher"* (Gn 3,28). Nele a contraposição recíproca entre homem e mulher — como herança do pecado original — é essencialmente superada. "Todos vós sois *um só* em Cristo Jesus", escreverá o apóstolo (Gl 3,28).

Estas palavras tratam da originária "unidade dos dois", que está ligada à criação do homem, como homem e mulher, à imagem e semelhança de Deus, segundo o modelo da comunhão perfeitíssima de pessoas que é o próprio Deus. As palavras paulinas constatam que o mistério da redenção do homem em Jesus Cristo, filho de Maria, retoma e renova aquilo que no mistério da criação correspondia ao desígnio eterno de Deus Criador. Precisamente por isso, no dia da criação do homem como homem e mulher, "Deus contemplou tudo o que tinha feito, e eis que estava tudo muito bem" (Gn 1,31). *A redenção restitui,* em certo sentido, à sua própria raiz *o bem* que foi essencialmente "diminuído" pelo pecado e pela sua herança na história do homem.

A "mulher" do Proto-Evangelho é inserida na perspectiva da Redenção. O confronto Eva-Maria pode ser entendido também no sentido de que *Maria assume* em si mesma e abraça o *mistério da "mulher"*, cujo início é Eva, "a mãe de todos os viventes" (Gn 3,20): antes de tudo o assume e abraça no interior do mistério de Cristo — "novo e último Adão" (cf. 1Cor 15,45) — o qual assumiu na sua pessoa a natureza do primeiro Adão. A essência da Nova Aliança consiste no fato de que o Filho de Deus, consubstancial ao Pai eterno, se torna homem: acolhe a humanidade na unidade da Pessoa divina do Verbo. Aquele que opera a Redenção é, ao mesmo tempo, verdadeiro homem. O mistério da Redenção do mundo pressupõe que *Deus-Filho tenha assumido a humanidade* como *herança de Adão,* tornando-se semelhante a ele e a todo homem em tudo, "com exceção do pecado" (Hb 4,15). Deste modo, ele "manifesta plenamente o homem ao próprio homem e lhe descobre a sua altíssima vocação", como ensina o Concílio Vaticano II[36]. Em certo sentido, ajudou-o a redescobrir "quem é o homem" (cf. Sl 8,5).

Em todas as gerações, na tradição da fé e da reflexão cristã sobre ela, *a aproximação Adão-Cristo* é freqüentemente acompanhada da de *Eva-Maria*. Se Maria é descrita também como "nova Eva", quais podem ser os significados desta analogia? Certamente são múltiplos. É preciso deter-se particularmente no significado que vê em Maria a revelação plena de tudo o que é compreendido na palavra bíblica "mulher": uma revelação proporcional ao mistério da Redenção. *Maria* significa, em certo sentido, ultrapassar o limite de que fala o Livro do Gênesis (3,16) e retornar ao "princípio" no qual se encontra a "mulher" tal como foi querida na *criação*, portanto no pensamento eterno de Deus, no seio da Santíssima Trindade. Maria *é* o "novo princípio" da *dignidade e da vocação da mulher*, de todas e de cada uma das mulheres[37].

Para compreender isto podem servir de chave, de modo particular, as palavras postas pelo evangelista nos lábios de Maria depois da Anunciação, durante a sua visita a Isabel: "Grandes coisas fez em mim o Todo-poderoso" (Lc 1,49). Estas se referem certamente à concepção do Filho, que é "Filho do Altíssimo" (Lc 1,32), o "Santo" de Deus; conjuntamente, porém, elas podem sig-

---

[36] CONC. ECUM. VAT. II, Const. past. sobre a Igreja no mundo contemporâneo *Gaudium et Spes*, 22.

[37] Cf. S. AMBRÓSIO, *De instit. virg.* V, 33: *PL* 16, 313.

nificar também *a descoberta da própria humanidade feminina. "Grandes coisas fez em mim"*: esta é a *descoberta de toda a riqueza, de todos os recursos pessoais da feminilidade,* de toda a eterna originalidade da "mulher", assim como Deus a quis, pessoa por si mesma, e que se encontra contemporaneamente "por um dom sincero de si mesma".

Esta descoberta relaciona-se com *a clara consciência do dom, da dádiva oferecida por Deus.* O pecado já no "princípio" tinha ofuscado esta consciência, em certo sentido a tinha sufocado, como indicam as palavras da primeira tentação por obra do "pai da mentira" (cf. Gn 3,1-5). Com a chegada da "plenitude dos tempos" (cf. Gl 4,4), ao começar a cumprir-se na história da humanidade o mistério da redenção, esta consciência irrompe com toda a sua força nas palavras da "mulher" bíblica de Nazaré. *Em Maria, Eva redescobre* qual é a verdadeira dignidade da mulher, da humanidade feminina. Esta descoberta deve chegar continuamente ao coração de cada mulher e plasmar a sua vocação e a sua vida.

V

JESUS CRISTO

"FICARAM ADMIRADOS POR ESTAR ELE A CONVERSAR COM UMA MULHER"

12. As palavras do Proto-Evangelho, no Livro de Gênesis, permitem que passemos ao âmbito do Evangelho. A redenção do homem, ali anunciada, aqui se torna realidade na pessoa e na missão de Jesus Cristo, nas quais reconhecemos também *aquilo que a realidade da redenção significa* para a dignidade e a vocação *da mulher*. Este significado nos é esclarecido em grau maior pelas palavras de Cristo e por todo o seu comportamento em relação às mulheres, que é extremamente simples e, exatamente por isso, extraordinário, se visto no horizonte do seu tempo: é um comportamento que se caracteriza por uma grande transparência e profundidade. Diversas mulheres aparecem no itinerário da missão de Jesus de Nazaré, e o encontro com cada uma delas é uma confirmação da "novidade de vida" evangélica, de que já se falou.

Admite-se universalmente — e até por parte de quem se posiciona criticamente diante da mensagem cristã — que *Cristo se constituiu, perante os seus contemporâneos, promotor da verdadeira dignidade da mulher* e da *vocação* correspondente a tal dignidade. Às vezes, isso provocava estupor, surpresa, muitas vezes beirando ao escândalo: "Ficaram admirados por estar ele a conversar com uma mulher" (Jo 4,27), porque este comportamento se distinguia daquele dos seus contemporâneos. "Ficaram admirados" até os próprios discípulos de Cristo. O fariseu, a cuja casa se dirigiu a mulher pecadora para ungir os pés de Jesus com óleo perfumado, disse consigo: "Se este homem fosse um profeta, *saberia quem* é e de que espécie é a mulher que o toca: é uma pecadora" (Lc 7,39). Estranheza ainda maior, ou até "santa indignação", deviam provocar nos ouvintes satisfeitos consigo mesmos as palavras de Cristo: "Os publicanos e as meretrizes entram adiante de vós no Reino de Deus" (Mt 21,31).

Aquele que falava e agia assim fazia compreender que os "mistérios do Reino" lhe eram conhecidos até o fundo. Ele também "sabia o que há em cada homem" (Jo 2,25), no seu íntimo, no seu "coração". Era testemunha do desígnio eterno de Deus a respeito do homem por ele criado à sua imagem e semelhança, como homem e mulher. Era também profundamente consciente das conseqüências do pecado, do "mistério de iniqüidade" que opera nos corações humanos como fruto amargo do ofuscamento da imagem **divina**. Como é significativo o fato de que, no colóquio fundamental sobre o matrimônio e sobre a sua indissolubilidade, Jesus, diante de seus interlocutores, "os escribas", que eram por ofício os conhecedores da Lei, *faça referência ao "princípio"*. A questão colocada é a do direito "masculino" de "repudiar a própria mulher por qualquer motivo" (Mt 19,3); e, portanto, também do direito da mulher, da sua justa posição no matrimônio, da sua dignidade. Os interlocutores consideram ter a seu favor a legislação mosaica vigente em Israel: "Moisés mandou dar-lhe libelo de repúdio e despedi-la" (Mt 19,7). Responde Jesus: "Por causa da dureza do vosso coração permitiu-vos Moisés repudiar as vossas mulheres; mas no princípio não era assim" (Mt 19,8). Jesus apela para o "princípio", para a criação do homem como homem e mulher e para o ordenamento de Deus que se fundamenta no fato de que *os dois foram criados "à sua imagem e semelhança"*. Por isso, quando o homem "deixa seu pai e sua mãe" unindo-se à sua esposa, de modo e formarem os dois "uma só carne", permanece em vigor a lei que provém de Deus mesmo: "Não separe, pois, o homem, o que Deus uniu" (Mt 19,6).

O princípio desse "ethos", que desde o início foi inscrito na realidade da criação, é agora confirmado por Cristo contra a tradição, que comportava a discriminação da mulher. Nesta tradição, o homem "dominava", não considerando adequadamente a mulher e a dignidade que *o "ethos"* da criação colocou como base das relações recíprocas das duas pessoas unidas em matrimônio. Este "ethos" é *recordado e confirmado pelas palavras de Cristo:* é o "ethos" do Evangelho e da Redenção.

AS MULHERES DO EVANGELHO

13. Folheando as páginas do Evangelho, passa diante de nosso olhos *um grande número de mulheres, de idade e condições diversas.* Encontramos mulheres atingidas pela doença ou por sofrimentos físicos, como a mulher que tinha "um espírito que a mantinha enferma, andava recurvada e não podia de forma alguma endireitar-se" (cf. Lc 13,11); ou como a sogra de Simão que estava "de cama com febre" (Mc 1,30); ou como a mulher que "sofria de um fluxo de sangue" (cf. Mc 5,25-34) e que não podia tocar ninguém, porque se pensava que o seu toque tornasse o homem "impuro". Cada uma delas foi curada e a última, a hemorroíssa, que tocou o manto de Jesus "no meio da multidão" (Mc 5,27), foi por ele louvada por sua grande fé: "a tua fé te salvou" (Mc 5,34). Há, depois, a *filha de Jairo,* que Jesus faz voltar à vida, dirigindo-se a ela com ternura: "Menina, eu te mando, levanta-te!" (Mc 5,41). E há ainda *a viúva de Naim,* para quem Jesus faz voltar à vida o filho único, fazendo acompanhar o seu gesto de uma expressão de terna piedade: "Compadeceu-se dela e disse-lhe: 'Não chores'" (Lc 7,13). E há, enfim, a *cananéia,* uma mulher que merece da parte de Cristo palavras de especial estima por sua fé, sua humildade e pela grandeza de espírito, de que só um coração de mãe é capaz: "Ó mulher, é grande a tua fé! Faça-se como desejas" (Mt 15,28). A mulher cananéia pedia a cura de sua filha.

Às vezes, as mulheres que Jesus encontrava e que dele recebiam tantas graças o acompanhavam enquanto com os apóstolos, peregrinava pelas cidades e aldeias, anunciando o Evangelho do Reino de Deus; e elas "os assistiam com os seus bens". O Evangelho cita entre elas Joana, esposa do administrador de Herodes, Susana e "muitas outras" (Lc 8,1-3).

Às vezes, *figuras de mulheres* aparecem *nas parábolas,* com que Jesus de Nazaré ilustrava aos seus ouvintes a verdade sobre o Reino de Deus. Assim é nas parábolas da dracma perdida (cf. Lc 15,8-10), do fermento (cf. Mt 13,33), das virgens prudentes e das virgens estultas (cf. Mt 25,1-13). É particularmente eloqüente o relato da oferta da viúva. Enquanto "os ricos ... colocavam as suas ofertas na caixa do templo ... uma viúva ... deitou lá duas moedinhas". Então Jesus disse: "Essa viúva pobre deitou mais do que todos ... foi da sua penúria que tirou tudo quanto possuía" (cf. Lc 21,1-4). Deste modo, Jesus a apresenta como modelo para todos e a defende, pois no sistema sócio-jurídico da época as viúvas eram seres totalmente indefesos (cf. também Lc 18, 1-7).

Em todo o ensinamento de Jesus, como também no seu comportamento, não se encontra nada que denote a discriminação, própria do seu tempo, da mulher. Ao contrário, *as suas palavras e as suas obras exprimem sempre o respeito e a honra devidos à mulher*. A mulher recurvada é chamada "filha de Abraão" (Lc 13,16), enquanto em toda a Bíblia o título "filho de Abraão" é atribuído só aos homens. Percorrendo a via dolorosa rumo ao Gólgota, Jesus dirá às mulheres: "Filhas de Jerusalém, não choreis por mim" (Lc 23, 28). Este modo de falar às mulheres e sobre elas, assim como o modo de tratá-las, constitui uma clara "novidade" em relação aos costumes dominantes do tempo.

Isso se torna ainda mais explícito no tocante àquelas mulheres que a opinião comum apontava com desprezo como pecadoras, pecadoras públicas e adúlteras. Por exemplo, a samaritana, a quem Jesus mesmo diz: "Tiveste cinco maridos e aquele que agora tens não é teu marido". E ela, percebendo que ele conhecia os segredos da sua vida, reconhece nele o Messias e corre a anunciá-lo aos seus conterrâneos. O diálogo que precede este reconhecimento é um dos mais belos do Evangelho (cf. Jo 4,7-27).

Eis, depois, uma pecadora pública que, não obstante a condenação por parte da opinião comum, entra na casa do fariseu para ungir com óleo perfumado os pés de Jesus. Ao anfitrião que se escandalizava deste fato, Jesus dirá dela: "São perdoados os seus muitos pecados, visto que muito amou" (cf. Lc 7,37-47).

Eis, enfim, uma situação que é talvez a mais eloqüente: *uma mulher surpreendida em adultério* é conduzida a Jesus. À pergunta provocatória: "Ora, Moisés, na Lei, mandou-nos apedrejar tais mulheres. Tu, que dizes?", Jesus responde: "Aquele de vós que estiver sem pecado, lance-lhe por primeiro uma pedra". A força de verdade, contida nesta resposta, é tão grande que "se foram embora um após o outro, a começar pelos mais velhos". Permanecem só Jesus e a mulher. "Onde estão? Ninguém te condenou?" — "Ninguém, Senhor." — "Nem eu te condenarei: — vai e doravante não tornes a pecar" (cf. Jo 8,3-11).

Estes episódios constituem um quadro de conjunto muito transparente. Cristo é aquele que "sabe o que há no homem" (cf. Jo 2,25), no homem e na mulher. Conhece *a dignidade do homem, o* seu *valor aos olhos de Deus.* Ele mesmo, Cristo, é a confirmação definitiva desse valor. Tudo o que diz e faz tem o seu cumprimento definitivo no mistério pascal da redenção. O comportamento de Jesus a respeito das mulheres, que encontra ao longo do caminho do seu serviço messiânico, é o reflexo do desígnio eterno de Deus, o qual, criando cada uma delas, a escolhe e ama em Cristo (cf. Ef 1,1-5). Por isso, cada mulher é aquela "única criatura na terra que Deus quis por si mesma". *Cada mulher herda do "princípio" a dignidade de pessoa precisamente como mulher.* Jesus de Nazaré confirma essa dignidade, recorda-a, renova-a e faz dela um conteúdo do Evangelho e da Redenção, para a qual é enviado ao mundo. É preciso, pois, introduzir na dimensão do mistério pascal toda palavra e todo gesto de Cristo que se referem à mulher. Desta maneira, tudo se explica completamente.

A MULHER SURPREENDIDA EM ADULTÉRIO

14. Jesus entra *na situação concreta e histórica da mulher,* situação sobre a qual *pesa a herança do pecado.* Esta herança exprime-se, entre outras coisas, no costume que discrimina a mulher em favor do homem, e está en-

raizada também dentro dela. Deste ponto de vista, o episódio da mulher "surpreendida em adultério" (cf. Jo 8,3-11) parece ser particularmente eloqüente. No fim, Jesus lhe diz: *"Não tornes a pecar";* mas, primeiro ele *desperta a consciência* do pecado nos homens que a acusam para apedrejá-la, manifestando assim a sua profunda capacidade de ver as consciências e as obras humanas segundo a verdade. Jesus parece dizer aos acusadores: esta mulher, com todo o seu pecado, não é talvez também, e antes de tudo, uma confirmação das vossas transgressões, da vossa injustiça "masculina", dos vossos abusos?

Esta é uma verdade *válida para todo o gênero humano.* O fato narrado no Evangelho de João pode apresentar-se em inúmeras situações análogas em todas as épocas da história. Uma mulher é deixada só, é exposta diante da opinião pública com "o seu pecado", enquanto por detrás deste "seu" pecado se esconde um homem como pecador, culpado pelo "pecado do outro", antes, co-responsável por ele. E, no entanto, o seu pecado escapa à atenção, passa sob silêncio: aparece como não-responsável pelo "pecado do outro"! Às vezes ele passa a ser até acusador, como no caso descrito, esquecido do próprio pecado. Quantas vezes, de modo semelhante, *a mulher paga* pelo próprio pecado (pode acontecer que seja ela, em certos casos, a culpada pelo pecado do homem como "pecado do outro"), mas paga ela só e paga *sozinha!* Quantas vezes ela fica abandonada em sua maternidade, quando o homem, pai da criança, não quer aceitar a sua responsabilidade? E ao lado das numerosas "mães solteiras" das nossas sociedades, é preciso tomar em consideração também todas aquelas que, muitas vezes, sofrendo diversas pressões, inclusive da parte do homem culpado, "se livram" da criança antes do seu nascimento. "Livram-se": mas a que preço? A opinião pública de hoje tenta, de várias maneiras, "anular" o mal deste pecado; normalmente, porém, a *consciência da mulher não consegue esquecer* que tirou a vida do próprio filho, porque não consegue apagar a disponibilidade a acolher a vida, inscrita no seu "ethos" desde o "princípio".

É significativo o comportamento de Jesus no fato descrito no Evangelho de João 8,3-11. Talvez em poucos momentos como neste se manifesta o seu poder — o poder da verdade — a respeito das consciências humanas. Jesus está tranqüilo, recolhido, pensativo. A sua consciência, aqui como no colóquio com os fariseus (cf. Mt 19,3-9), não estará talvez em contato com o mistério do "princípio", quando o homem foi criado homem e mulher, e a mulher foi confiada ao homem com a sua diversidade feminina, e também com a sua potencial maternidade? Também o homem foi confiado pelo Criador à mulher. Foram *reciprocamente confiados um ao outro como pessoas* feitas à imagem e semelhança do próprio Deus. Nesse ato de confiança está a medida do amor, do amor esponsal: para tornar-se "um dom sincero" um para o outro, é preciso que cada um dos dois se sinta responsável pelo dom. Esta medida destina-se aos dois — homem e mulher — desde o "princípio". Após o pecado original, forças opostas operam no homem e na mulher, por causa da tríplice concupiscência, "fonte do pecado".

Essas forças agem no interior do homem. Por isso Jesus dirá no Sermão da Montanha: *"Todo aquele que olhar para uma mulher com mau desejo, já com ela cometeu adultério no seu coração"* (Mt 5,28). Estas palavras, dirigidas diretamente ao homem, mostram a verdade fundamental da sua responsabilidade em relação à mulher: pela sua dignidade, pela sua maternidade, pela sua vocação. Mas, indiretamente, elas se referem também à mulher. Cristo fazia tudo o que estava ao seu alcance para que — no âmbito dos costumes e das relações sociais daquele tempo — as mulheres reconhecessem no seu ensinamento e no seu agir a subjetividade e dignidade que lhes são próprias. Tendo por base a eterna "unidade dos dois", *esta dignidade depende diretamente da própria mulher, como sujeito responsável por si,* e *é ao mesmo tempo "dada como responsabilidade" ao homem.* Coerentemente Cristo apela para a responsabilidade do homem. Na presente meditação sobre a dignidade e a vocação da mulher, hoje, é preciso referir-se necessariamente à impostação que encontramos no Evangelho. A dignidade da mulher e a sua vocação — como, de resto, a do homem — encontram a sua vertente eterna no coração de Deus e, nas condições temporais da existência humana, estão estreitamente conexas com a "unidade dos dois". Por isso, **cada homem deve olhar para dentro de si e ver se aquela que lhe é confiada como irmã na mesma humanidade, como esposa, não se tenha tornado objeto de adultério no seu coração; se aquela que, sob diversos aspectos, é o co-sujeito da sua existência no mundo, não se tenha tornado para ele "objeto": objeto de prazer, de exploração.**

CUSTÓDIAS DA MENSAGEM EVANGÉLICA

15. O modo *de agir de Cristo, o Evangelho de suas obras e palavras* é um *protesto* coerente contra tudo quanto ofende a dignidade da mulher. Por isso, as mulheres que se encontram perto de Cristo reconhecem-se na verdade que ele "ensina" e que ele "faz", também quando esta verdade versa sobre a "pecaminosidade" delas. Sentem-se *"libertadas" por esta verdade,* restituídas a si mesmas: sentem-se amadas de "amor eterno", por um amor que encontra direta expressão no próprio Cristo. No raio da ação de Cristo, a posição social delas se transforma. Sentem que Jesus lhes fala de questões sobre as quais, naquele tempo, não se discutia com uma mulher. O exemplo, em certo sentido, mais significativo a este respeito é o da *samaritana,* junto ao poço de Siquém. *Jesus* — que sabe que é pecadora e disto lhe fala — *conversa com ela sobre os mistérios mais profundos de Deus.* Fala-lhe do dom infinito do amor de Deus, que é como uma "fonte de água que jorra para a vida eterna" (Jo 4,14). Fala-lhe de Deus que é Espírito e da verdadeira adoração que o Pai tem direito de receber em espírito e verdade (cf. Jo 4,24). Revela-lhe, enfim, ser ele o Messias prometido a Israel (cf. Jo 4,26).

Este é um evento sem precedentes: essa *mulher,* e além do mais "mulher-pecadora", torna-se "discípula" de Cristo; mais ainda, uma vez instruída, anuncia Cristo aos habitantes da Samaria, de modo que também eles o acolham com fé (cf. Jo 4,39-42). Um evento sem precedentes, se se tem presente o modo comum de tratar as mulheres, próprio de quantos ensinavam em Israel, enquanto no modo de agir de Jesus de Nazaré tal evento se faz normal. A este propósito, merecem uma recordação particular também as irmãs de Lázaro: "Jesus amava Marta, Maria, irmã dela, e Lázaro" (cf. Jo 11,5). Maria "escutava a palavra" de Jesus. Quando vai visitá-los em casa, ele mesmo define o comportamento de Maria como "a melhor parte" em relação à preocupação de Marta com os afazeres domésticos (cf. Lc 10,38-42). Noutra ocasião, também Marta — *depois da morte de Lázaro* — se torna interlocutora de Cristo e o colóquio se refere às mais profundas verdades da revelação e da fé. "Senhor, se estivesses aqui, não teria morrido meu irmão" — "Teu irmão ressuscitará" — "Sei que há de ressuscitar no último dia." Disse-lhe Jesus: "Eu sou a ressurreição e a vida. Aquele que crê em mim, ainda que venha a morrer, viverá; e todo aquele que vive e crê em mim não morrerá jamais. Crês nisto?" — "Sim, Senhor, creio que és o Cristo, o Filho de Deus, que deve vir ao mundo" (Jo 11,21-27). Depois desta profissão de fé, Jesus ressuscita Lázaro. Também *o colóquio com Marta é um dos mais importantes do Evangelho.*

Cristo fala com as mulheres sobre as coisas de Deus, e elas compreendem-nas: uma autêntica ressonância da mente e do coração, uma resposta de fé. E por esta resposta marcadamente "feminina" Jesus exprime apreço e admiração, como no caso da mulher cananéia (cf. Mt 15,28). Por vezes, ele propõe como exemplo essa fé viva, permeada de amor: *ensina,* portanto, tomando como *ponto de referência essa resposta feminina da mente e do coração*. Assim acontece no caso da mulher "pecadora", cujo modo de agir, na casa do fariseu, é tomado por Jesus como ponto de partida para explicar a verdade sobre a remissão dos pecados: "São perdoados os seus muitos pecados visto que muito amou. Mas aquele a quem pouco se perdoa pouco ama" (Lc 7,47). Por ocasião de outra unção, Jesus toma a defesa, diante dos discípulos e particularmente diante de Judas, da mulher e da sua ação: "Por que molestais esta mulher? Foi por certo *uma boa obra que ela praticou comigo* ... Ao derramar este ungüento perfumado sobre o meu corpo, fê-lo para preparar-me para a sepultura. Em verdade vos digo que em todo o mundo, onde quer que seja pregada esta Boa Nova, também o que ela fez será dito para seu louvor" (Mt 26,6-13).

Na realidade, os Evangelhos não só descrevem o que fez aquela mulher em Betânia, na casa de Simão, o leproso, mas colocam também em destaque como, no momento da prova definitiva e determinante para toda a missão messiânica de Jesus de Nazaré, *aos pés da Cruz se encontram, primeiras entre todos, as mulheres*. Dos apóstolos, somente João permaneceu fiel. As mulheres, ao invés, são muitas. Estavam presentes não só a Mãe de Cristo e a "irmã de sua mãe, Maria, mulher de Cléofas, e Maria Madalena" (Jo 19,25), mas "muitas mulheres que observavam de longe: isto é, aquelas que tinham seguido Jesus desde a Galiléia, prestando-lhe assistência" (Mt 27,55). Como se vê, naquela que foi a mais dura prova da fé e da fidelidade, as mulheres demonstraram-se mais fortes que os apóstolos: nesses momentos de perigo, aquelas que "amam muito" conseguem vencer o medo. Antes, havia *as mulheres na via dolorosa,* "que batiam no peito e se lamentavam por ele" (Lc 23,27). Antes ainda, havia a *mulher de Pilatos* que advertira o marido: "Não te encarregues desse justo, pois que hoje padeci muito em sonhos por causa dele" (Mt 27,19).

PRIMEIRAS TESTEMUNHAS DA RESSURREIÇÃO

16. Desde o início da missão de Cristo, a mulher demonstra para com ele e seu mistério uma *sensibilidade* especial *que corresponde a uma característica* da sua *feminilidade.* É preciso dizer, além do mais, que uma confirmação particular disso se verifica em relação ao mistério pascal, não só no momento da Cruz, mas também na manhã da Ressurreição. As mulheres *são as primeiras junto à sepultura.* São as primeiras a encontrá-la vazia. São as primeiras a ouvir: "Não está aqui, porque *ressuscitou,* como tinha dito" (Mt 28,6). São as primeiras a abraçar-lhe os pés (cf. Mt 28,9). São também as primeiras a serem chamadas a anunciar esta verdade aos apóstolos (cf. Mt 28,1-10; Lc 24,8-11). O Evangelho de João (cf. também Mc 16,9) coloca em destaque a *função particular de Maria Madalena.* É a primeira a encontrar o Cristo ressuscitado. De início, supõe tratar-se do jardineiro; reconhece-o só quando ele a chama pelo nome: "'Maria!' diz-lhe Jesus. Ela, voltando-se, exclama em hebraico: 'Rabbuni!', que quer dizer 'Mestre!' Diz-lhe Jesus: 'Não me retenhas, porque ainda não subi para o

Pai; mas vai ter com meus irmãos e dize-lhes que vou subir para meu Pai e vosso Pai, meu Deus e vosso Deus'. E Maria Madalena foi logo anunciar aos discípulos: 'Vi o Senhor' e também o que lhe tinha falado" (Jo 20, 16-18).

Por isso ela é chamada também "a apóstola dos apóstolos"[38]. Maria Madalena foi a testemunha ocular do Cristo ressuscitado antes dos apóstolos e, por essa razão, foi também *a primeira a dar-lhe testemunho diante dos apóstolos*. Este acontecimento, em certo sentido, coroa tudo o que foi dito em precedência sobre o ato de Cristo de confiar as verdades divinas às mulheres de igual maneira que aos homens. Pode-se dizer que assim se cumpriram as palavras do Profeta: *"Derramarei o meu espírito sobre todo homem, e tornar-se-ão profetas os vossos filhos e as vossas filhas"* (Jl 3,1). Cinqüenta dias depois da ressurreição de Cristo, estas palavras confirmam-se mais uma vez no cenáculo de Jerusalém, durante a vinda do Espírito Santo, o Paráclito (cf. At 2,17).

Tudo o que se disse até aqui sobre o comportamento de Cristo em relação às mulheres confirma e esclarece, no Espírito Santo, a verdade sobre a igualdade dos dois — homem e mulher. Deve-se falar de uma "pa-

---

[38] Cf. RABANO MAURO, *De vita beatae Mariae Magdalenae*, XXVII: "Salvator ... ascensionis suae eam (= Mariam Magdalenam) ad apostolos instituit apostolam" (*PL* 112, 1474). "Facta est Apostolorum Apostola, per hoc quod ei committitur ut resurrectionem dominicam discipulis annuntiet": S. TOMÁS DE AQUINO, *In Joannem Evangelistam Expositio*, c. XX, L. III, 6 *(Sancti Thomae Aquinatis Comment. in Mathaeum et Joannem Evangelistas)*, Ed. Parmens. X, 629.

ridade" essencial: dado que os dois — a mulher e o homem — são criados à imagem e semelhança de Deus, ambos são em igual medida susceptíveis de receber a dádiva da verdade divina e do amor no Espírito Santo. Um e outro acolhem as suas "visitas" salvíficas e santificantes.

O fato de ser homem ou mulher não comporta aqui nenhuma limitação, como não limita em absoluto a ação salvífica e santificante do Espírito no homem o fato de ser judeu ou grego, escravo ou livre, segundo as palavras bem conhecidas do apóstolo: "Todos vós sois um só em Cristo Jesus" (Gl 3,28). *Esta unidade não anula a diversidade.* O Espírito Santo, que opera essa unidade na ordem sobrenatural da graça santificante, contribui em igual medida para o fato que se "tornem profetas os vossos filhos" e que se tornem profetas "as vossas filhas". "Profetizar" significa exprimir com a palavra e com a vida *"as grandes obras de Deus"* (cf. At 2,11), conservando a verdade e a originalidade de cada pessoa, seja homem ou mulher. A "igualdade" evangélica, a "paridade" da mulher e do homem no que se refere às "grandes obras de Deus", tal como se manifestou de modo tão límpido nas obras e nas palavras de Jesus de Nazaré, constitui a base mais evidente da dignidade e da vocação da mulher na Igreja e no mundo. Toda *vocação tem um sentido* profundamente *pessoal e profético*. Na vocação assim entendida, a personalidade da mulher atinge uma nova medida: a medida das "grandes obras de Deus", das quais a mulher se torna sujeito vivo e testemunha insubstituível.

VI

MATERNIDADE - VIRGINDADE

DUAS DIMENSÕES DA VOCAÇÃO DA MULHER

17. Devemos agora dirigir a nossa meditação para a virgindade e a maternidade, duas dimensões particulares na realização da personalidade feminina. À luz do Evangelho, elas adquirem a plenitude do seu sentido e valor em Maria, que como Virgem se tornou Mãe do filho de Deus. Estas *duas dimensões da vocação feminina* encontraram-se nela e conjugaram-se de modo tão excepcional que, sem se excluírem, se completaram admiravelmente. A descrição da Anunciação no Evangelho de Lucas indica claramente que isso parecia impossível à Virgem de Nazaré. Quando ela ouve as palavras: "Eis que conceberás e darás à luz um filho, ao qual porás o nome de Jesus", ela logo pergunta: "Como se realizará isso, pois eu não conheço homem?" (Lc 1,31.34). Na ordem comum das coisas, a maternidade é fruto do "conhecimento" recíproco do homem e da mulher na união matrimonial. Maria, firme no propósito da própria virgindade,

pergunta ao mensageiro divino, e dele obtém a explicação: *"Virá sobre ti o Espírito Santo"*; a tua maternidade não será conseqüência de um "conhecimento" matrimonial, mas será obra do Espírito Santo, e a "potência do Altíssimo" estenderá a sua "sombra" sobre o mistério da concepção e do nascimento do Filho. Como Filho do Altíssimo, ele te é dado exclusivamente por Deus, do modo conhecido por Deus. Maria, portanto, manteve o seu virginal "não conheço homem" (cf. Lc 1,34) e, ao mesmo tempo, se tornou Mãe. *A virgindade e a maternidade coexistem nela:* não se excluem nem se limitam reciprocamente. Antes, a pessoa da Mãe de Deus ajuda todos — especialmente todas as mulheres — a perceberem de que modo estas duas dimensões e estes dois caminhos da vocação da mulher, como pessoa, se desdobram e se completam reciprocamente.

MATERNIDADE

18. Para participar deste "perceber" é preciso mais uma vez *aprofundar a verdade sobre a pessoa humana,* recordada pelo Concílio Vaticano II. O homem — tanto o homem como a mulher — é a única criatura na terra que Deus quis por si mesma: é uma pessoa, é um sujeito que decide por si. Ao mesmo tempo, o homem "não pode se encontrar plenamente senão por um dom sincero de si mesmo"[39]. Já foi dito que esta descrição, aliás, em certo

---

[39] CONC. ECUM. VAT. II, Const. past. sobre a Igreja no mundo contemporâneo *Gaudium et Spes,* 24.

sentido, esta definição da pessoa corresponde à verdade bíblica fundamental sobre a criação do homem — homem e mulher — à imagem e semelhança de Deus. Esta não é uma interpretação puramente teórica, ou uma definição abstrata, pois ela *indica* essencialmente *o sentido do ser humano,* salientando *o valor do dom de si, da pessoa.* Nesta visão da pessoa inclui-se também a essência do "ethos" que, em ligação com a verdade da criação, será desenvolvido plenamente pelos Livros da Revelação e, particularmente, pelos Evangelhos.

Essa verdade sobre a pessoa abre, além disso, *o caminho para uma plena compreensão da maternidade da mulher.* A maternidade é fruto da união matrimonial entre um homem e uma mulher, do "conhecimento" bíblico que corresponde à "união dos dois numa só carne" (cf. Gn 2,24) e, deste modo, ela realiza — por parte da mulher — um especial "dom de si mesma" como expressão do amor conjugal, pelo qual os esposos se unem entre si de modo tão íntimo que constituem "uma só carne". O "conhecimento" bíblico realiza-se segundo a verdade da pessoa só quando o dom recíproco de si não é deformado nem pelo desejo do homem de tornar-se "senhor" da sua esposa ("ele te dominará"), nem pelo fechar-se da mulher nos próprios instintos ("sentir-te-ás atraída para o teu marido": Gn 3,16).

O *dom recíproco da pessoa no matrimônio* abre-se para o dom de uma nova vida, de *um novo homem,* que é também pessoa à semelhança de seus pais. A maternidade implica desde o início uma abertura especial para a nova pessoa: e precisamente esta é a "parte" da mulher. Nessa abertura, ao conceber e dar à luz o filho, a mulher "se encontra por um dom sincero de si mesma". O dom da disponibilidade interior para aceitar e dar ao mundo o filho está ligado à união matrimonial, que — como foi dito — deveria constituir um momento particular do dom recíproco de si por parte tanto do homem como da mulher. A concepção e o nascimento do novo homem, segundo a Bíblia, são acompanhados das seguintes palavras da mulher-genetriz: *"Adquiri um homem com o favor de Deus"* (Gn 4,1). A exclamação de Eva, "mãe de todos os viventes", repete-se toda vez que vem ao mundo um novo homem e exprime a alegria e a consciência da mulher na participação do grande mistério do eterno gerar. Os esposos participam do poder criador de Deus!

A maternidade da mulher, no período entre a concepção e o nascimento da criança, passa por um processo biofisiológico e psíquico que hoje é melhor conhecido do que no passado, e é objeto de muitos estudos aprofundados. A análise científica confirma plenamente o fato de que a constituição física da mulher e o seu organismo comportam em si a disposição natural para a maternidade, para a concepção, para a gestação e para o parto da criança, em conseqüência da união matrimonial com o homem. Ao mesmo tempo, tudo isso corresponde também à estrutura psicofísica da mulher. Tudo quanto os diversos ramos da ciência dizem sobre este assunto é importante e útil, conquanto não se limitem a uma interpretação exclusivamente biofisiológica da mulher e da maternidade. Uma tal *imagem "reduzida"* andaria de par com a concepção materialista do homem e do mundo. Nesse caso, ficaria infelizmente perdido o que é verdadeiramente essencial: a maternidade, como fato e fenômeno *humanos,* explica-se plenamente tendo por base a verdade sobre a pessoa. A maternidade *está ligada com a estrutura pessoal do ser mulher e com a dimensão pessoal do dom:* "Adquiri um homem com o favor de Deus" (Gn 4,1). O Criador concede aos pais o dom do filho. Por parte da mulher, este fato está ligado especialmente ao "dom sincero de si mesma". As palavras de Maria na Anunciação: "Faça-se em mim segundo a tua palavra" significam a disponibilidade da mulher ao dom de si e ao acolhimento da nova vida.

Na maternidade da mulher, unida à paternidade do homem, reflete-se o mistério eterno do gerar que é próprio de Deus, de Deus uno e trino (cf. Ef 3,14-15). O gerar humano é comum ao homem e à mulher. E se a mulher, guiada por amor ao marido, disser: "Dei-te um filho", as suas palavras ao mesmo tempo significam: "este é nosso filho". Contudo, ainda que os dois juntos sejam pais do seu filho, *a maternidade da mulher constitui uma "parte" especial deste comum ser genitores,* aliás a parte mais empenhativa. O ser genitores — ainda que seja comum aos dois — realiza-se muito mais na mulher, especialmente no período pré-natal. É sobre a mulher que recai diretamente o "peso" deste comum gerar, que absorve literalmente as energias do seu corpo e da sua alma. É preciso, portanto, que *o homem* esteja plenamente consciente de que contrai, neste seu comum ser genitores, *um débito especial para com a mulher.* Nenhum programa de "paridade de direitos" das mulheres e dos homens é válido se não se tem presente isto de modo todo essencial.

A maternidade comporta uma **comunhão especial com o mistério da vida**, que amadurece no seio da mulher: a mãe admira este mistério, com intuição singular "compreende" o que se vai formando dentro de si. À luz do "princípio", a mãe aceita e ama o filho que traz no seio como uma pessoa. Este modo único de contato com o novo homem que se está formando cria, por sua vez, uma atitude tal para com o homem — não só para com o próprio filho, mas para com o homem em geral — que caracteriza profundamente toda a personalidade da mulher. Considera-se comumente que *a mulher,* mais do que o homem, seja capaz de *atenção à pessoa concreta,* e que a maternidade desenvolva ainda mais esta disposição. O homem — mesmo com toda a sua participação no ser pai — encontra-se sempre "fora" do processo da gestação e do nascimento da criança e deve, sob tantos aspectos, *aprender da mãe* a sua própria *"paternidade".* Isto — pode-se dizer — faz parte do dinamismo humano normal do ser genitores, também quando se trata das etapas sucessivas ao nascimento da criança, especialmente no primeiro período. A educação do filho, globalmente entendida, deveria conter em si a dúplice contribuição dos pais: a contribuição materna e paterna. Todavia, a materna é decisiva para as bases de uma nova personalidade humana.

A MATERNIDADE EM RELAÇÃO À ALIANÇA

19. Volta às nossas reflexões *o paradigma bíblico da "mulher"*, tirando do Proto-Evangelho. A "mulher", como genetriz e como primeira educadora do homem (a educação é a dimensão espiritual do ser pais), possui uma precedência específica sobre o homem. Se, por um lado, a sua maternidade (antes de tudo no sentido biofísico) depende do homem, por outro, ela imprime uma "marca" essencial em todo o processo do fazer crescer como pessoa os novos filhos e filhas da estirpe humana. A maternidade da mulher *em sentido biofísico* manifesta uma aparente passividade: o processo de formação de uma nova vida "produz-se" nela, no seu organismo; todavia, produz-se envolvendo-o em profundidade. Ao mesmo tempo, a maternidade, *no sentido pessoal-ético,* exprime uma criatividade muito importante da mulher, da qual depende principalmente a própria humanidade do novo ser humano. Também neste sentido a maternidade da mulher manifesta um chamado e um desafio especiais, que se dirigem ao homem e à sua paternidade.

O paradigma bíblico da "mulher" culmina *na maternidade da Mãe de Deus*. As palavras do Proto-Evangelho: "Porei inimizade entre ti e a mulher" encontram aqui uma nova confirmação. Eis que Deus, na pessoa dela, no seu "fiat" materno ("Faça-se em mim"), dá *início a uma Nova Aliança com a humanidade*. Esta é a Aliança eterna e definitiva em Cristo, no seu Corpo e Sangue, na sua Cruz e Ressurreição. Precisamente porque esta Aliança deve realizar-se "na carne e no sangue" é que o seu início se dá na genetriz. O "Filho do Altíssimo", somente graças a ela e ao seu "fiat" virginal e materno, pode dizer ao Pai: "Formaste-me um corpo. Eis-me aqui para fazer, ó Deus, a tua vontade" (cf. Hb 10,5.7).

Na ordem da Aliança, que Deus realizou com o homem em Jesus Cristo, foi introduzida a maternidade da mulher. E cada vez, todas as vezes que *a maternidade da mulher* se repete na história humana sobre a terra, permanece sempre *em relação com a Aliança* que Deus estabeleceu com o gênero humano, mediante a maternidade da Mãe de Deus.

Esta realidade não é talvez demonstrada pela resposta dada por Jesus ao brado da mulher que, no meio da multidão, o bendizia pela maternidade daquela que o gerou: "Ditoso o seio que te trouxe e os peitos em que foste amamentado!"? Jesus responde: "Ditosos antes os que ouvem a palavra de Deus e a guardam" (Lc 11,27-28). Jesus confirma o sentido da maternidade relativa ao corpo; ao mesmo tempo, porém, indica-lhe um sentido ainda mais profundo, ligado à ordem do espírito: a maternidade é sinal da Aliança com Deus que "é espírito" (Jo 4,24). Tal é sobretudo a maternidade da Mãe de Deus. Também *a maternidade* de toda mulher, entendida à luz do Evangelho, não é só "da carne e do sangue": nela se exprime a profunda *"escuta da palavra do Deus vivo"* e a disponibilidade para "guardar" essa Palavra, que é "palavra de vida eterna" (cf. Jo 6,68). Com efeito, são os nascidos de mães terrenas, os filhos e as filhas do gênero humano, que recebem do Filho de Deus o poder de se tornarem "filhos de Deus" (Jo 1,12). A dimensão da Nova

Aliança no sangue de Cristo penetra no gerar humano, tornando-o realidade e responsabilidade de "novas criaturas" (2Cor 5,17). A maternidade da mulher, do ponto de vista da história de todo homem, é o primeiro limiar, cuja superação condiciona também "a revelação dos filhos de Deus" (cf. Rm 8,19).

"A mulher, quando vai dar à luz, está em tristeza, por ter chegado a sua hora. Mas depois de ter dado à luz o menino, *já não se lembra da aflição* por causa da alegria de ter nascido um homem no mundo" (Jo 16,21). As palavras de Cristo referem-se, na sua primeira parte, às "dores do parto" que pertencem à herança do pecado original; ao mesmo tempo, porém, indicam *a ligação da maternidade* da mulher *com o mistério pascal*. Neste mistério, de fato, está encluída também a dor da Mãe aos pés da Cruz — da Mãe que mediante a fé participa do mistério desconcertante do "despojamento" do próprio Filho. "Isso constitui, talvez, a mais profunda *"Kênose"* da fé na história da humanidade"[40].

Contemplando esta Mãe, cujo coração foi transpassado por uma espada (cf. Lc 2,35), o pensamento volta-se a *todas as mulheres que sofrem no mundo,* que sofrem no sentido tanto físico como moral. Neste sofrimento, uma parte é devida à sensibilidade própria da mulher; mesmo que ela, com freqüência, saiba resistir ao sofrimento mais que o homem. É difícil enumerar estes sofrimentos, é difícil nomeá-los todos: podem ser recordados o desvelo maternal pelos filhos, especialmente quando

---

[40] Carta Enc. *Redemptoris Mater,* 18: *l. c.,* 383.

estão doentes ou andam por maus caminhos, a morte das pessoas mais queridas, a solidão das mães esquecidas pelos filhos adultos ou a das viúvas, os sofrimentos das mulheres que lutam sozinhas pela sobrevivência e os das mulheres que sofreram uma injustiça ou são exploradas. Existem, enfim, os sofrimentos das consciências por causa do pecado, que atingiu a dignidade humana ou materna da mulher, as feridas das consciências que não cicatrizam facilmente. Também com estes sofrimentos é preciso pôr-se aos pés da Cruz de Cristo.

Mas as palavras do Evangelho sobre a mulher que sofre aflição, por chegar a sua hora de dar à luz o filho, logo depois exprimem a *alegria: "a alegria de ter nascido um homem no mundo"*. Também esta se refere ao mistério pascal, ou seja, àquela alegria que é comunicada aos apóstolos *no dia da Ressurreição de Cristo:* "Da mesma maneira também vós estais agora na tristeza" (estas palavras foram pronunciadas no dia anterior ao da paixão); "mas eu voltarei a ver-vos; então o vosso coração alegrar-se-á e ninguém arrebatará a vossa alegria" (Jo 16,22).

A VIRGINDADE PELO REINO

20. No ensinamento de Cristo, *a maternidade anda ligada à virgindade, mas é também distinta dela.* A esse respeito, permanece fundamental a frase dita por Jesus aos discípulos e inserida no colóquio sobre a indissolubilidade do matrimônio. Tendo ouvido a resposta dada aos

fariseus, os discípulos dizem a Cristo: "Se tal é a condição do homem em relação à sua mulher, não convém casar-se" (Mt 19,10). Independentemente do sentido que a expressão "não convém" tinha então na mente dos discípulos, *Cristo* parte da opinião errada que eles tinham, para os instruir *sobre o valor do celibato:* ele distingue o celibato como efeito de deficiências naturais, ainda que causadas pelo homem, do *"celibato pelo Reino dos céus"*. Cristo diz: "E há outros que se fizeram eunucos por amor do Reino dos céus" (Mt 19,12). Trata-se, pois, de um celibato livre, escolhido por causa do Reino dos céus, em consideração da vocação escatológica do homem à união com Deus. Depois ele acrescenta: "Quem for capaz de compreender, compreenda", e estas palavras retomam o que havia dito no início do discurso sobre o celibato (cf. Mt 19,11). Portanto, o *celibato por amor do Reino dos céus* é fruto não só de uma *escolha* livre da parte do homem, mas também de sua *graça* especial da parte de Deus, que chama determinada pessoa para viver o celibato. Se este é um sinal especial do Reino de Deus que deve vir, ao mesmo tempo serve também para dedicar de modo exclusivo todas as energias da alma e do corpo, durante a vida temporal, ao Reino escatológico.

As palavras de Jesus são a resposta à pergunta dos discípulos. Elas são dirigidas diretamente àqueles que faziam a pergunta: neste caso eram homens. Contudo, a resposta de Cristo, em si mesma, tem *valor tanto para os homens como para as mulheres*. Neste contexto, ela indica o ideal evangélico da virgindade, ideal que constitui uma clara "novidade" em relação à tradição do Antigo Testamento. Esta tradição certamente se ligava também, de algum modo, com a expectativa de Israel, e especialmente da mulher de Israel, pela vinda do Messias, que devia ser da "estirpe da mulher". Efetivamente, o ideal do celibato e da virgindade para uma maior proximidade com Deus não era de todo alheio a certos ambientes judaicos, sobretudo nos tempos que precedem imediatamente a vinda de Jesus. Todavia, o celibato por causa do Reino, ou seja, a virgindade, é uma verdade inegável conexa com a Encarnação de Deus.

A partir do momento da vinda de Cristo, a espera do Povo de Deus deve voltar-se para o Reino escatológico que vem e no qual ele mesmo deve introduzir "o novo Israel". Para uma tal reviravolta e mutação de valores é, de fato, indispensável uma nova consciência da fé. Cristo acentua isso duas vezes: "Quem for capaz de compreender, compreenda". Compreendem-no somente "aqueles aos quais foi concedido" (Mt 19,11). *Maria* é a primeira pessoa em quem se manifestou essa *nova consciência,* pois ela pede ao Anjo: "Como se realizará isso, pois eu não conheço homem?" (Lc 1,34). Embora seja "noiva de um homem chamado José" (cf. Lc 1,27), ela está firme no propósito da virgindade, e a maternidade que nela se realiza provém exclusivamente da "potência do Altíssimo", é fruto da vinda do Espírito Santo sobre ela (cf. Lc 1,35). Esta maternidade divina, portanto, é a resposta totalmente imprevisível à expectativa humana da mulher em Israel: ela vem a Maria como dom do próprio Deus. Este dom tornou-se o início e o protótipo de uma nova expectativa de todos os homens, à medida da Aliança eterna, à medida da nova e definitiva promessa de Deus: *sinal da esperança escatológica.*

Apoiando no Evangelho desenvolveu-se e aprofundou-se o sentido da virgindade como vocação também para a mulher, vocação em que se confirma a sua dignidade à semelhança da Virgem de Nazaré. O Evangelho propõe o *ideal da consagração da pessoa,* que significa a sua dedicação exclusiva a Deus em virtude dos conselhos evangélicos, em particular os da castidade, pobreza e obediência. A encarnação perfeita dos mesmos é o próprio Jesus Cristo. Quem deseja segui-lo de modo radical escolhe pautar a sua vida segundo tais conselhos. Estes distinguem-se dos mandamentos e indicam ao cristão o caminho da radicalidade evangélica. Desde o início do cristianismo, tanto homens como mulheres avançam por este caminho, pois o ideal evangélico é dirigido ao ser humano, sem fazer diferença alguma de ordem sexual.

Neste contexto mais amplo é preciso considerar *a virgindade como um caminho também para a mulher,* um caminho pelo qual, diversamente do matrimônio, ela realiza a sua personalidade de mulher. Para compreender este caminho é preciso ainda uma vez recorrer à idéia fundamental da antropologia cristã. Na virgindade livremente escolhida, a mulher confirma-se como pessoa, isto é, como criatura que o Criador desde o início quis por si mesma[41], e contemporaneamente realiza o valor pessoal

---

[41] Cf. CONC. ECUM. VAT. II, Const. past. sobre a Igreja no mundo contemporâneo *Gaudium et Spes,* 24.

da própria feminilidade, tornando-se "um dom sincero" para Deus que se revelou em Cristo, um dom para Cristo Redentor do homem e Esposo das almas: um dom "esponsal". *Não se pode compreender corretamente a virgindade,* a consagração da mulher na virgindade, *sem recorrer ao amor esponsal:* é, de fato, num amor como esse que a pessoa se torna um dom para o outro[42]. De resto, de modo análogo deve ser entendida a consagração do homem no celibato sacerdotal ou no estado religioso.

A natural disposição esponsal da personalidade feminina encontra uma resposta na virgindade assim compreendida. A mulher, chamada desde o "princípio" a amar e a ser amada, *encontra* na vocação à virgindade, antes de tudo, *Cristo* como o Redentor que "amou até o fim" por um dom total de si mesmo, e *ela responde a este dom por um "dom sincero"* de toda a sua vida. Ela se doa, pois, ao Esposo divino, e esta sua doação pessoal tende à união, que tem um caráter propriamente espiritual: mediante a ação do Espírito Santo torna-se "um só espírito" com Cristo-esposo (cf. 1Cor 6,17).

É este o ideal evangélico da virgindade, no qual se realizam de forma especial tanto a dignidade como a vocação da mulher. Na virgindade assim entendida exprime-se o assim chamado *radicalismo do Evangelho:* deixar tudo e seguir Cristo (cf. Mt 19,27). Isso não pode ser

---

[42] Cf. *Alocuções* das Quartas-feiras 7 e 21 de abril de 1982; *Insegnamenti* V, 1 (1982), 1126-1131 e 1175-1179.

comparado ao simples permanecer solteiros ou celibatários, porque a virgindade não se restringe ao simples "não", mas contém um profundo "sim" na ordem esponsal: o doar-se por amor de modo total e indiviso.

A MATERNIDADE SEGUNDO O ESPÍRITO

21. A virgindade no sentido evangélico comporta *a renúncia ao matrimônio e, por conseguinte, também à maternidade física*. Todavia, a renúncia a este tipo de maternidade, que pode também comportar um grande sacrifício para o coração da mulher, abre para a experiência de uma maternidade de sentido diverso: a maternidade *"segundo o espírito"* (cf. Rm 8,4). A virgindade, de fato, não priva a mulher das suas prerrogativas. A maternidade espiritual reveste-se de múltiplas formas. Na vida das mulheres consagradas que vivem, por exemplo, segundo o carisma e as regras dos diversos institutos de caráter apostólico, ela poderá exprimir-se como solicitude pelos homens, especialmente pelos mais necessitados: os doentes, os deficientes físicos, os abandonados, os órfãos, os idosos, as crianças, a juventude, os encarcerados, e, em geral, os marginalizados. *Uma mulher consagrada reencontra desse modo o Esposo,* diverso e único em todos e em cada um, de acordo com as suas próprias palavras: "Tudo o que fizestes a um destes ... a mim o fizestes" (Mt 25,40). O amor esponsal comporta sempre uma singular disponibilidade para ser transmitido sobre quantos se encontram no raio da sua ação. No matrimônio, esta

disponibilidade, embora aberta a todos, consiste particularmente no amor que os pais dedicam aos filhos. Na virgindade, tal disponibilidade está aberta *a todos os homens, abraçados pelo amor de Cristo esposo.*

Em relação a Cristo, que é o Redentor de todos e de cada um, o amor esponsal, cujo potencial materno se esconde no coração da mulher, esposa virginal, está também disposto a abrir-se para todos e cada um. Isso se verifica nas comunidades religiosas de vida apostólica e diversamente naquelas de vida contemplativa ou de clausura. Existem, além disso, outras formas de vocação para a virgindade por causa do Reino, como, por exemplo, os institutos seculares, ou as comunidades de consagrados que florescem dentro de movimentos, grupos e associações: em todas estas realidades, *a mesma verdade sobre a maternidade espiritual* das pessoas que vivem na virgindade encontra uma multiforme confirmação. Em todo o caso, trata-se não somente de formas comunitárias, mas também de formas extracomunitárias. Em definitivo, a virgindade, como vocação da mulher, é sempre a vocação de uma pessoa, de uma pessoa concreta e única. Portanto, é também profundamente pessoal a maternidade espiritual que se faz sentir nesta vocação.

Baseado nisto se verifica também uma *aproximação* específica *entre a virgindade* da mulher não casada e a *maternidade* da mulher casada. Tal aproximação vai não só da maternidade para a virgindade, como se acentuou acima, mas vai também da virgindade para o matrimônio, entendido como forma de vocação da mulher, em que esta se torna mãe dos filhos nascidos do seu ventre.

O ponto de partida desta segunda analogia é *o significado das núpcias*. Com efeito, a mulher é "casada" quer pelo sacramento do matrimônio, quer espiritualmente pelas núpcias com Cristo. *Num e noutro caso as núpcias* indicam o "dom sincero da pessoa" da esposa ao esposo. Deste modo — pode-se dizer — o perfiel do matrimônio encontra-se espiritualmente na virgindade. E se se tratar de maternidade física, não deverá, porventura, também ela ser uma maternidade espiritual para responder à verdade global do homem que é uma unidade de corpo e de espírito? Existem, por conseguinte, muitas razões para ver nestes dois caminhos diversos — duas vocações diversas da vida da mulher — uma profunda complementaridade e até uma profunda união no interior do ser da pessoa.

"FILHINHOS MEUS POR QUEM
SOFRO NOVAMENTE AS DORES DO PARTO"

22. O Evangelho revela e permite compreender precisamente este *modo de ser da pessoa humana*. O Evangelho ajuda toda mulher e todo homem a vivê-lo e, assim, a realizar-se. Existe, de fato, uma total igualdade em relação aos dons do Espírito Santo, em relação às "grandes obras de Deus" (At 2,11). Não só isso. Precisamente diante das "grandes obras de Deus", o apóstolo-homem sente necessidade de recorrer àquilo que é por essência feminino, a fim de exprimir a verdade sobre o próprio serviço apostólico. Exatamente assim age Paulo de Tar-

so, quando se dirige aos gálatas com as palavras: *"Filhinhos meus por quem sofro novamente as dores do parto"* (Gl 4,19). Na primeira Carta aos Coríntios (7,38) o apóstolo anuncia a superioridade da virgindade sobre o matrimônio, doutrina constante da Igreja no espírito das palavras de Cristo, relatadas no Evangelho de Mateus (19,10-12), sem ofuscar absolutamente a importância da maternidade física e espiritual. Para ilustrar a missão fundamental da Igreja, ele não encontra outra coisa melhor que se referir à maternidade.

Encontramos um reflexo da mesma analogia — e da mesma verdade — na Constituição dogmática sobre a Igreja. *Maria é a "figura" da Igreja*[43]: "Com efeito, no mistério da Igreja — pois também a Igreja é com razão chamada mãe e virgem — Maria precedeu, apresentando-se de modo eminente e singular, como modelo de virgem e de mãe ... Deu à luz o Filho, a quem Deus constituiu primogênito entre muitos irmãos (cf. Rm 8,29), isto é, entre os fiéis, para cuja regeneração e formação ela coopera com amor de mãe"[44]. "Por certo, a Igreja, contemplando-lhe a arcana santidade, imitando-lhe a caridade e cumprindo fielmente a vontade do Pai, mediante a palavra de Deus recebida na fé, *torna-se também ela mãe,* pois pela pregação e pelo batismo ela gera para a vida

---

[43] Cf. CONC. ECUM. VAT. II, Const. dogm. sobre a Igreja *Lumen Gentium,* 63; S. AMBRÓSIO, *In Lc II,* 7: *S. Ch.* 45, 74; *De instit. virg.* XIV, 87-89: *PL* 16, 326-327; S. CIRILO DE ALEXANDRIA, *Hom.* 4: *PG* 77, 996; S. ISIDORO DE SEVILHA, *Allegoriae* 139: *PL* 83, 117.

[44] CONC. ECUM. VAT. II, Const. dogm. sobre a Igreja *Lumen Gentium,* 63.

nova e imortal os filhos concebidos do Espírito Santo nascidos de Deus"[45]. Trata-se aqui da maternidade "segundo o espírito" a respeito dos filhos e filhas do gênero humano. Tal maternidade — como foi dito — torna-se a "parte" da mulher também na virgindade. A Igreja *"também é virgem* que íntegra e puramente guarda a fé prometida ao Esposo"[46]. Isto se realiza em Maria da maneira mais perfeita. A Igreja, pois, "imitando a Mãe do seu Senhor, pela virtude do Espírito Santo, conserva virginalmente uma fé íntegra, uma sólida esperança e uma sincera caridade"[47].

O Concílio confirmou que, se não se recorre à Mãe de Deus, não é possível compreender o mistério da Igreja, a sua realidade, a sua vitalidade essencial. *Indiretamente* encontramos aqui *a referência ao paradig-*

---

[45] *Ibid.*, 64.

[46] *Ibid.*, 64.

[47] *Ibid.*, 64. Sobre a relação Maria-Igreja, que ininterruptamente ocorre na reflexão dos Padres da Igreja e de toda a tradição cristã, cf. Carta Enc. *Redemptoris Mater*, 42-44, e notas 117-127: *l. c.*, 418-422. Cf. Também: CLEMENTE DE ALEXANDRIA, *Paed.* 1, 6: *S. Ch.* 70, 186 s.; S. AMBRÓSIO, *In Lc* II, 7: *S. Ch.* 45, 74; S. AGOSTINHO, *Sermo* 192, 2: *PL* 38, 1012; *Sermo* 195, 2: *PL* 38, 1018; *Sermo* 25, 8: *PL* 46, 938; S. LEÃO MAGNO, *Sermo* 25, 5: *PL* 54, 211; *Sermo* 26, 2: *PL* 54, 213; VEN. BEDA, *In Lc* I, 2: *PL* 92, 330. "Ambas mães — escreve ISACCO DELLA STELLA, discípulo de São Bernardo —, ambas virgens, ambas concebem por obra do Espírito Santo ... Maria ... gerou ao corpo a sua Cabeça; a Igreja ... dá a esta Cabeça o seu corpo. Uma e outra são mães de Cristo: mas nenhuma delas o gera todo inteiro sem a outra. Por isso justamente ... aquilo que é dito em geral da Virgem Mãe Igreja se entende singularmente da Virgem Mãe Maria; e aquilo que se diz de modo especial da Virgem Mãe Maria se refere em geral à Virgem Mãe Igreja; e quanto se diz de uma delas pode ser entendido indiferentemente de uma e de outra" (*Sermo* 51, 7-8: *S. Ch.* 339, 202-205).

ma bíblico da "mulher", delineado claramente já na descrição do "princípio" (cf. Gn 3,15), e ao longo do percurso que vai da criação, passando pelo pecado, até chegar à Redenção. Deste modo se confirma a união profunda entre o que é humano e o que constitui a economia divina da salvação na história do homem. A Bíblia convence-nos do fato de que não se pode ter uma adequada hermenêutica do homem, ou seja, daquilo que é "humano", sem um recurso adequado àquilo que é "feminino". Analogamente acontece na economia salvífica de Deus: se queremos compreendê-la plenamente em relação a toda a história do homem, não podemos deixar de lado, na ótica de nossa fé, o mistério da "mulher": virgem-mãe-esposa.

VII

A IGREJA - ESPOSA DE CRISTO

O "GRANDE MISTÉRIO"

Uma importância fundamental a este respeito têm as palavras da Carta aos Efésios: "Maridos, amai as vossas mulheres, como Cristo amou a Igreja e se entregou a si mesmo por ela, a fim de santificá-la, purificando-a com o banho de água juntamente com a palavra, para apresentar a si próprio essa Igreja resplandecente de glória, sem mancha, nem ruga, nem coisa alguma semelhante, para que seja santa e irrepreensível. Desse modo devem também os maridos amar as mulheres, como o seu próprio corpo. Quem ama a sua mulher ama-se a si mesmo. Ninguém jamais odiou sua própria carne, antes, cada qual a nutre e dela toma cuidados, como Cristo faz também com a Igreja, pois nós somos membros do seu corpo. Por isso, o homem deixará pai e mãe, unir-se-á à sua mulher e passarão os dois a formar uma só carne. *Grande mistério é este:* mas digo-o *referindo-me a Cristo e à Igreja"* (5,25-32).

Nesta *Carta* o autor exprime a verdade sobre a Igreja como esposa de Cristo, indicando igualmente como esta verdade *se radica na realidade bíblica da criação do homem como varão e mulher*. Criados à imagem e semelhança de Deus como "unidade dos dois", ambos foram chamados a um amor de caráter esponsal. Pode-se dizer também que, seguindo a descrição da criação no Livro do Gênesis (2,18-25), este chamamento fundamental se manifesta juntamente com a criação da mulher e é inscrito pelo Criador na instituição do matrimônio, que, segundo o Gênesis 2,24, desde o início possui o caráter de união das pessoas *("communio personarum")*. Embora não diretamente, a mesma descrição do "princípio" (cf. Gn 1,27 e Gn 2,24) indica que todo o "ethos" das relações recíprocas entre o homem e a mulher deve corresponder à verdade pessoal do seu ser.

Tudo isto já foi considerado precedentemente. O texto da Carta aos Efésios confirma ainda uma vez a verdade acima apresentada e, ao mesmo tempo, compara o caráter esponsal do amor entre o homem e a mulher com o mistério de Cristo e da Igreja. *Cristo é o Esposo da Igreja, a Igreja é a Esposa de Cristo*. Esta analogia não deixa de ter precedentes: ela transfere para o Novo Testamento o que já estava presente *no Antigo Testamento,* particularmente nos profetas Oséias, Jeremias, Ezequiel e Isaías[48]. As respectivas passagens merecem uma análise à parte. Citemos pelo menos um texto. Eis

---

[48] Cf., por exemplo, Os 1,2; 2,16-18; Jr 2,2; Ez 16,8; Is 50,1; 54,5-8.

como Deus fala ao seu povo eleito através do profeta: "Não temas, porque não terás do que te envergonhar; não te confundas, porque não terás do que te enrubescer; antes, esquecerás a vergonha da tua juventude, e não te lembrarás mais da afronta da tua viuvez; *porque o teu esposo é o teu Criador,* cujo nome é Senhor dos exércitos; *o teu redentor* é o Santo de Israel, que se chama Deus de toda terra ... Será, por acaso, repudiada a mulher desposada na juventude? diz o teu Deus. Por um breve instante eu te abandonei, e com grande afeto voltei a acolher-te. Num rapto de ira, ocultei-te o meu rosto por um momento; mas com perene clemência compadeci-me de ti, diz o teu redentor, o Senhor ... Abalar-se-ão os montes e os outeiros vacilarão, *mas a minha clemência de ti não se apartará,* e o meu pacto de paz não vacilará" (Is 54,4-8.10).

Se o ser humano — homem e mulher — foi criado à imagem e semelhança de Deus, Deus pode falar de si pelos lábios do profeta, servindo-se da linguagem que é por essência humana: no texto citado de Isaías é *"humana"* a expressão do amor de Deus, mas o *amor* em si mesmo é *divino.* Sendo amor de Deus, esse amor tem um caráter esponsal propriamente divino, ainda que venha expresso com a analogia do amor do homem para com a mulher. Essa mulher-esposa é Israel, enquanto povo escolhido por Deus, e esta eleição tem sua origem exclusiva no amor gratuito de Deus. É justamente por este amor que se explica a Aliança, apresentada freqüentemente como uma aliança matrimonial, que Deus renova sempre com o seu povo escolhido. Esta aliança, da parte de Deus, é "um compromisso" duradouro; ele permanece fiel ao seu amor esponsal, embora a esposa se tenha demonstrado muitas vezes infiel.

Esta *imagem do amor esponsal* ligada com a figura do Esposo divino — uma imagem muito clara nos textos proféticos — encontra a sua confirmação e coroamento na Carta aos Efésios (5,23-32). *Cristo* é saudado como esposo por João Batista (cf. Jo 3,27-29): antes, o próprio Cristo aplica a si esta comparação tomada dos profetas (cf. Mc 2,19-20). O apóstolo Paulo, que traz em si todo o patrimônio do Antigo Testamento, escreve aos coríntios: "Pois bem, eu sou ciumento de vós, do mesmo ciúme de Deus, por vos ter desposado com um único esposo, para apresentar-vos a Cristo como virgem pura" (2Cor 11,2). A expressão mais plena, porém, da verdade sobre o amor de Cristo redentor, segundo a analogia do amor esponsal no matrimônio, se encontra na Carta aos Efésios: *"Cristo amou a Igreja e se entregou a si mesmo por ela"* (5,25); e nisto se confirma plenamente o fato de a Igreja ser a esposa de Cristo: "O teu redentor é o Santo de Israel" (Is 54,5). No texto paulino, a analogia da relação esponsal toma ao mesmo tempo duas direções, que formam o conjunto do "grande mistério" *("sacramentum magnum")*. A aliança própria dos esposos "explica" o caráter esponsal da união de Cristo com a Igreja, e esta união, por sua vez, como "grande sacramento", decide a sacramentalidade do matrimônio como aliança santa dos esposos, homem e mulher. Lendo esta passagem, rica e complexa, que, *no seu conjunto, é uma grande analogia,* devemos *distinguir* o que nela exprime a realidade humana das relações interpessoais daquilo que exprime, com linguagem simbólica, o "grande mistério" divino.

A "NOVIDADE" EVANGÉLICA

24. O texto dirige-se aos esposos como homens e mulheres concretos, e recorda-lhes o "ethos" do amor esponsal que remonta à instituição divina do matrimônio desde o "princípio". À verdade desta instituição corresponde a exortação: *"Maridos, amai as vossas mulheres"*, amai-as em virtude do vínculo especial e único, pelo qual o homem e a mulher, no matrimônio, se tornam "uma só carne" (Gn 2,24; Ef 5,31). Existe neste amor uma *afirmação* fundamental *da mulher* como pessoa, uma afirmação graças à qual a personalidade feminina pode desenvolver-se plenamente e enriquecer-se. É precisamente assim que age Cristo como esposo da Igreja, desejando que ela seja "resplandecente de glória, sem mancha, nem ruga" (Ef 5,27). Pode-se dizer que aqui esteja plenamente assumido aquilo que constitui o "estilo" de Cristo no trato da mulher. O marido deveria fazer seus os elementos deste estilo em relação à sua esposa; e, analogamente, deveria fazer o homem a respeito da mulher, em todas as situações. Assim, os dois, homem e mulher, atuam o "dom sincero de si mesmos"!

O autor da Carta aos Efésios não vê contradição alguma entre uma exortação formulada dessa maneira e a constatação de que "as mulheres sejam submissas aos maridos como ao Senhor, porque o marido é a cabeça da mulher" (5,22-23). O autor sabe que esta impostação, tão profundamente arraigada nos costumes e na tradição religiosa do tempo, deve ser entendida e atuada de um modo novo: como uma *"submissão recíproca no temor de Cristo"* (cf. Ef 5,21); tanto mais que o marido é dito "cabeça" da mulher *como* Cristo é cabeça da Igreja; e ele o é para se entregar "a si mesmo por ela" (Ef 5,25), e se entregar a si mesmo por ela é dar até a própria vida. Mas, enquanto na relação Cristo-Igreja a submissão é só da parte da Igreja, na relação marido-mulher a "submissão" não é unilateral, mas recíproca!

Em relação ao "antigo" isto é evidentemente algo "novo": é a novidade evangélica. Encontramos várias passagens em que os escritos apostólicos exprimem essa novidade, embora nelas se faça ouvir também aquilo que é "antigo", aquilo que ainda está arraigado na tradição religiosa de Israel, no seu modo de compreender e de explicar os textos sagrados como, por exemplo, a passagem de Gênesis (c. 2)[49].

As cartas apostólicas são dirigidas a pessoas que vivem num ambiente que tem o mesmo modo de pensar e de agir. A "novidade" de Cristo é um fato: ela constitui o conteúdo inequívoco da mensagem evangélica e é fruto da Redenção. Ao mesmo tempo, porém, a consciência de que no matrimônio existe a recíproca "submissão dos cônjuges no temor de Cristo", e não só a da mulher

---

[49] Cf. Cl 3,18; 1Pd 3,1-6; Tt 2,4-5; Ef 5,22-24; 1Cor 11,3-16; 14,33-35; 1Tm 2,11-15.

ao marido, deve abrir caminho nos corações e nas consciências, no comportamento e nos costumes. Este é um apelo que não cessa de urgir, desde então, as gerações que se sucedem, um apelo que os homens devem acolher sempre de novo. O apóstolo escreveu não só: "Em Cristo Jesus ... não há homem nem mulher", mas também: "não há escravo nem livre". E, contudo, quantas gerações tiveram de passar até que esse princípio se realizasse na história da humanidade com a abolição da escravidão! E que dizer de tantas formas de escravidão, às quais estão sujeitos homens e povos, que ainda não desapareceram da cena da história?

O desafio, porém, do "ethos" da redenção é claro e definitivo. Todas as razões a favor da "submissão" da mulher ao homem no matrimônio devem ser interpretadas no sentido de uma "submissão recíproca" de ambos "no temor de Cristo". A medida do verdadeiro amor esponsal encontra a sua fonte mais profunda em Cristo, que é o Esposo da Igreja, sua Esposa.

A DIMENSÃO SIMBÓLICA DO "GRANDE MISTÉRIO"

25. No texto da Carta aos Efésios encontramos *uma segunda dimensão* da analogia que, no seu conjunto, deve servir à revelação do "grande mistério": *a dimensão simbólica*. Se o amor de Deus para com o homem, para com o povo escolhido, Israel, é apresentado pelos profetas como o amor do esposo pela esposa, tal analogia ex-

prime a qualidade "esponsal" e o caráter divino e não-humano do amor de Deus: "O teu esposo é o teu Criador ... que se chama Deus de toda a terra" (Is 54,5). O mesmo se diga também do amor esponsal de Cristo redentor: "Com efeito, Deus amou tanto o mundo que lhe deu o seu Filho unigênito" (Jo 3,16). Trata-se, portanto, do amor de Deus expresso mediante a Redenção, operada por Cristo. Segundo a carta paulina, este amor é "semelhante" ao amor esponsal dos cônjuges humanos, mas naturalmente não é "igual". A analogia, com efeito, implica conjuntamente uma semelhança e uma margem adequada de não-semelhança.

É fácil observá-lo, se tomarmos em consideração a figura da "esposa". Segundo a Carta aos Efésios, a esposa *é a Igreja,* tal como para os profetas a esposa era Israel: portanto, *é um sujeito coletivo,* e não *uma pessoa singular.* Este sujeito coletivo é o Povo de Deus, ou seja, uma comunidade composta de muitas pessoas, tanto homens como mulheres. "Cristo amou a Igreja" precisamente como comunidade, como Povo de Deus e, ao mesmo tempo, nesta Igreja, que na mesma passagem é chamada também seu "corpo" (cf. Ef 5,23), ele amou cada pessoa singularmente. De fato, Cristo remiu todos, sem exceção, todos os homens e todas as mulheres. Na Redenção exprime-se justamente este amor de Deus e realiza-se, na história do homem e do mundo, o caráter esponsal desse amor.

Cristo entrou na história e permanece nela como o Esposo que "se entregou a si mesmo". "Entregar-se" significa "tornar-se um dom sincero", da maneira mais completa e radical: "Ninguém tem maior amor do que este" (Jo 15,13). Nesta concepção, por meio da Igreja, *todos os seres humanos — tanto homens como mulheres — são chamados a ser a "Esposa" de Cristo, Redentor do mundo.* Assim, "ser esposa", portanto o "feminino", torna-se símbolo de todo o "humano", segundo as palavras de Paulo: "Não há homem nem mulher: todos vós sois *um só* em Cristo Jesus" (Gl 3,28).

Do ponto de vista lingüístico, pode-se dizer que a analogia do amor esponsal segundo a Carta aos Efésios reporta o que é "masculino" ao que é "feminino", dado que, como membros da Igreja, também os homens estão compreendidos no conceito de "Esposa". E isto não pode causar admiração, pois o apóstolo, para exprimir a sua missão em Cristo e na Igreja, fala de "filhinhos por quem eu sofro as dores de parto" (cf. Gl 4,19). No âmbito daquilo que é "humano", daquilo que é humanamente pessoal, *a "masculinidade" e a "feminilidade" se distinguem* e, ao mesmo tempo, *se completam e se explicam mutuamente.* Isso está presente também na grande analogia da "Esposa" na Carta aos Efésios. Na Igreja, todo ser humano — homem e mulher — é a "Esposa", enquanto acolhe como dom o amor de Cristo redentor, e enquanto procura corresponder-lhe com o dom da própria pessoa.

Cristo é o Esposo. Nisto se exprime a verdade sobre o amor de Deus que "foi o primeiro a nos amar" (1Jo 4,19) e que, com o dom gerado por esse amor esponsal pelo homem, superou todas as expectativas humanas: "amou até o fim" (Jo 13,1). O Esposo — o **Filho** consubstancial ao Pai enquanto Deus — tornou-se filho de Maria, "filho do homem", verdadeiro homem, do sexo masculino. *O símbolo do Esposo é de gênero masculino.* Neste símbolo masculino é representado o caráter humano do amor pelo qual Deus expressou o seu amor divino por Israel, pela Igreja, por todos os homens. Meditando no que os Evangelhos dizem sobre o comportamento de Cristo com as mulheres, podemos concluir que *como homem,* filho de Israel, ele *revelou* a dignidade das "filhas de Abraão" (cf. Lc 13,16), *a dignidade possuída pela mulher* desde o "princípio" em igualdade com o homem. E, ao mesmo tempo, Cristo colocou em evidência toda a originalidade que distingue a mulher do homem, toda a riqueza a ela conferida no mistério da criação. No comportamento de Cristo em relação à mulher realiza-se de maneira exemplar aquilo que o texto da Carta aos Efésios exprime com o conceito de "esposo". Precisamente porque o amor divino de Cristo é amor de Esposo, esse amor é o paradigma e o exemplar de todo amor humano, particularmente do amor dos homens-varões.

A EUCARISTIA

26. Sobre o amplo horizonte do "grande mistério", que se exprime na relação esponsal entre Cristo e a Igreja, é possível também compreender de modo adequado o fato do chamamento dos "Doze". *Chamando só homens como seus apóstolos,* Cristo agiu *de maneira totalmente livre e*

soberana. Fez isto com a mesma liberdade com que, em todo o seu comportamento, pôs em destaque a dignidade e a vocação da mulher, sem se conformar ao costume dominante e à tradição sancionada também pela legislação do tempo. Por conseguinte, a hipótese segundo a qual ele teria chamado homens como apóstolos, seguindo a mentalidade difusa em seu tempo, não corresponde em absoluto ao modo de agir de Cristo. "Mestre, sabemos que és verdadeiro e que ensinas o caminho de Deus com verdade ... pois *não fazes acepção de pessoas*" (Mt 22,16). Estas palavras caracterizam plenamente *o comportamento de Jesus de Nazaré*. Nisto se pode encontrar também uma explicação para o chamamento dos "Doze". Eles estão com Cristo durante a última Ceia; só eles recebem o mandato sacramental: "Fazei isto em minha memória" (Lc 22,19; 1Cor 11,24), ligado à instituição da Eucaristia. Eles, na tarde do dia da Ressurreição, recebem o Espírito Santo para perdoar os pecados: "Àqueles a quem perdoardes os pecados, ficar-lhes-ão perdoados; àqueles a quem os retiverdes, ficar-lhes-ão retidos" (Jo 20,23).

Encontramo-nos no próprio centro do Mistério pascal, que revela até o fundo o amor esponsal de Deus. Cristo é o Esposo porque "se entregou a si mesmo": o seu corpo foi "dado", o seu sangue foi "derramado" (cf. Lc 22,19-20). Deste modo "amou até o fim" (Jo 13,1). O "dom sincero" atuado no sacrifício da Cruz ressalta de modo definitivo o sentido esponsal do amor de Deus. Cristo é o Esposo da Igreja, como Redentor do mundo. *A Eucaristia é o sacramento da nossa redenção. É o sacramento do Esposo, da Esposa.* A Eucaristia torna presente e de modo sacramental realiza novamente o ato redentor de Cristo, que "cria" a Igreja, seu corpo. Com este "corpo" Cristo está unido como o esposo com a esposa. Tudo isto está presente na Carta aos Efésios. No "grande mistério" de Cristo e da Igreja é introduzida a perene "unidade dos dois", constituída desde o "princípio" entre o homem e a mulher.

Se Cristo, instituindo a Eucaristia, a ligou de modo tão explícito ao serviço sacerdotal dos apóstolos, é lícito pensar que dessa maneira ele queria exprimir a relação entre homem e mulher, entre o que é "feminino" e o que é "masculino", querida por Deus, tanto no mistério da criação como no da Redenção. É na *Eucaristia* que, em primeiro lugar, se exprime de modo sacramental *o ato redentor de Cristo Esposo em relação à Igreja Esposa.* Isto se torna transparente e unívoco quando o serviço sacramental da Eucaristia, no qual o sacerdote age *"in persona Christi",* é realizado pelo homem. É uma explicação que confirma o ensinamento da declaração *Inter insigniores,* publicada por incumbência do Papa Paulo VI para responder à interrogação sobre a questão da admissão das mulheres ao sacerdócio ministerial[50].

---

[50] Cf. CONGR. PARA A DOUTRINA DA FÉ, Decl. sobre a questão da admissão das mulheres ao sacerdócio ministerial *Inter insigniores* (15 de outubro de 1976): *AAS* 69 (1977), 98-116.

O DOM DA ESPOSA

27. O Concílio Vaticano II renovou na Igreja a consciência da universalidade do sacerdócio. Na Nova Aliança há um só sacrifício e um só sacerdote: Cristo. Deste *único sacerdócio participam todos os batizados,* tanto homens como mulheres, enquanto devem "oferecer a si mesmos como vítima viva, santa, agradável a Deus" (cf. Rm 12,1), dar em toda parte testemunho de Cristo e, a quem pergunte, dar uma resposta acerca da esperança da vida eterna (cf. 1Pd 3,15)[51]. A participação universal do sacrifício de Cristo, no qual o Redentor ofereceu ao Pai o mundo inteiro e, particularmente, a humanidade, faz com que todos, na Igreja, sejam "um reino de sacerdotes" (Ap 5,10; cf. 1Pd 2,9), isto é, participem não só da missão sacerdotal, mas também da profética e real de Cristo Messias. Esta participação determina, outrossim, a união orgânica da Igreja, como Povo de Deus, com Cristo. Nela se exprime ao mesmo tempo o "grande mistério" da Carta aos Efésios: *a Esposa unida ao seu Esposo,* unida porque vive a sua vida; unida porque participa na sua tríplice missão *(tria munera Christi);* unida *de maneira a responder* com um "dom sincero de si mesma" ao *dom inefável do amor do Esposo,* Redentor do mundo. Isto diz respeito a todos na Igreja, tanto a mulheres como a homens, e diz respeito obviamente também àque-

---

[51] Cf. CONC. ECUM. VAT. II, Const. dogm. sobre a Igreja *Lumen Gentium,* 10.

les que são participantes no "sacerdócio ministerial"[52], que possui o caráter de serviço. No âmbito do "grande mistério" de Cristo e da Igreja, todos são chamados a responder — como uma esposa — com o dom da sua vida ao dom inefável do amor de Cristo, o qual, como Redentor do mundo, é o único Esposo da Igreja. No "sacerdócio real", que é universal, exprime-se contemporaneamente o dom da Esposa.

Isso é de *fundamental importância para compreender a Igreja na sua própria essência,* fazendo com que se evite transferir à Igreja — também na sua qualidade de "instituição" composta de seres humanos e inserida na história — critérios de compreensão e de julgamento que não dizem respeito à sua natureza. Mesmo que a Igreja possua uma estrutura "hierárquica"[53], esta, todavia, se ordena integralmente à santidade dos membros Corpo Místico de Cristo. E a santidade é medida segundo o "grande mistério", em que a Esposa responde com o dom do amor ao dom do Esposo, e o faz "no Espírito Santo", pois "o amor de Deus foi derramado em nossos corações pelo Espírito Santo que nos foi dado" (cf. Rm 5,5). O Concílio Vaticano II, confirmando o ensinamento de toda a tradição, recordou que, na hierarquia da santidade, *precisamente a "mulher",* Maria de Nazaré, é "figura" da Igreja. Ela "precede" todos no caminho rumo à santidade; na sua pessoa "a Igreja já atingiu a perfei-

---

[52] Cf. *Ibid.,* 10.
[53] Cf. *ibid.,* 18-19.

ção, pela qual existe sem mácula e sem ruga" (cf. Ef 5,27)[54]. Neste sentido, pode-se dizer que a Igreja *é conjuntamente* "mariana" e "apostólico-petrina"[55].

Na história da Igreja, desde os primeiros tempos existiam — ao lado dos homens — *numerosas mulheres,* para as quais a resposta da Esposa ao amor redentor do Esposo adquiria plena força expressiva. Como primeiras, vemos aquelas mulheres que pessoalmente tinham encontrado Cristo, tinham-no seguido e, depois da sua partida, juntamente com os apóstolos, "eram assíduas na oração" no cenáculo de Jerusalém até o dia do Pentecostes. Naquele dia, o Espírito Santo falou por meio de "filhos e filhas" do Povo de Deus, cumprindo o anúncio do profeta Joel (cf. At 2,17). Aquelas mulheres, e a seguir outras mais, tiveram *parte ativa e importante na vida da Igreja primitiva,* na edificação desde os fundamentos da primeira comunidade cristã — e das comunidades que se seguiram — *mediante os próprios carismas e o seu multiforme serviço.* Os escritos apostólicos anotam os seus nomes, como Febe, "diaconisa da Igreja de Cencréia" (cf. Rm 16,1), Prisca com o marido Áquila (cf. 2Tm 4,19),

---

[54] Cf. *ibid.,* 65; cf. também 63; cf. Carta Enc. *Redemptoris Mater,* 2-6: *l. c.,* 362-367.

[55] "Este perfil *mariano* é tão — se não mais — fundamental e caracterizante para a Igreja quanto o perfil *apostólico e petrino,* ao qual está profundamente unido ... A dimensão mariana da Igreja antecede à petrina, embora lhe seja estreitamente unida e complementar. Maria, Imaculada, precede todos, obviamente, o próprio Pedro e os apóstolos: não só porque Pedro e os apóstolos, provindo da massa do gênero humano que nasce sob o pecado, fazem parte da Igreja 'sancta ex peccatoribus', mas também porque o seu tríplice *múnus* não visa outra coisa senão formar a Igreja no ideal de santidade, que já está preformado e prefigurado

Evódia e Síntique (Fl 4,2), Maria, Trifena, Pérside, Trifosa (Rm 16,6.12). O apóstolo fala de suas "fadigas" por Cristo, e estas indicam os vários campos de serviço apostólico da Igreja, a começar pela "Igreja doméstica". Nesta, de fato, a "fé sincera" passa da mãe aos filhos e netos, como realmente se verificou na casa de Timóteo (cf. 2Tm 1,5).

O mesmo se repete no decorrer dos séculos, de geração em geração, como demonstra *a história da Igreja*. A Igreja, com efeito, defendendo a dignidade da mulher e a sua vocação, expressou honra e gratidão àquelas que — fiéis ao Evangelho — em todo o tempo participaram da missão apostólica de todo o Povo de Deus. Trata-se de santas mártires, de virgens, de mães de família, que corajosamente deram testemunho da sua fé e, educando os próprios filhos no espírito do Evangelho, transmitiram a mesma fé e a tradição da Igreja.

Em cada época e em cada país encontramos numerosas mulheres "perfeitas" (cf. Pr 31,10), que — não obstante perseguições, dificuldades e discriminações — participaram da missão da Igreja. Basta mencionar aqui Mônica, mãe de Agostinho, Macrina, Olga de Kiev, Matilde de Toscana, Edviges da Silésia e Edviges da Cracóvia, Elisabeth da Turíngia, Brígida da Suécia, Joana d'Arc, Rosa de Lima, Elisabeth Seaton e Maria Ward.

---

em Maria. Como bem disse um teólogo contemporâneo, Maria é 'rainha dos apóstolos sem pretender para si os poderes apostólicos. Ela tem outras coisas e muito mais' (H. U. VON BALTHASAR, *Neue Klarstellungen*, trad. it., Milão 1980, p. 181)": *Alocução* aos Cardeais e Prelados da Cúria Romana, 22 de dezembro de 1987: *L'Osservatore Romano*, 23 de dezembro de 1987.

O testemunho e as obras de mulheres cristãs tiveram um influxo significativo na vida da Igreja, como também na da sociedade. Mesmo diante de graves discriminações sociais, as mulheres santas agiram de "modo livre", fortalecidas pela sua união com Cristo. Semelhante união e liberdade enraizadas em Deus explicam, por exemplo, a grande obra de Santa Catarina de Sena na vida da Igreja e de Santa Teresa de Jesus na vida monástica.

Também em nossos dias a Igreja não cessa de enriquecer-se com o testemunho das numerosas mulheres que realizam a sua vocação à santidade. As mulheres santas são uma personificação do ideal feminino, mas são também um modelo para todos os cristãos, um modelo de *"sequela Christi"*, um exemplo de como a Esposa deve responder com amor ao amor do Esposo.

VIII

MAIOR É A CARIDADE

DIANTE DAS TRANSFORMAÇÕES

28. "A Igreja acredita que Cristo, morto e ressuscitado para todos, pode oferecer ao homem, por seu Espírito, a luz e as forças que lhe permitirão corresponder à sua vocação suprema."[56] Podemos aplicar estas palavras da Constituição conciliar *Gaudium et Spes* ao tema das presentes reflexões. O apelo particular à dignidade da mulher e à sua vocação, próprio do tempo em que vivemos, pode e deve ser acolhido na "luz e na força" que o Espírito prodigaliza ao homem: também ao homem da nossa época, rica de múltiplas transformações. A Igreja "acredita que a chave, o centro e o fim" do homem, como também "de toda a história humana, se encontram no seu Senhor e Mestre" e "afirma *que sob todas as transforma-*

---

[56] CONC. ECUM. VAT. II, Const. past. sobre a Igreja no mundo contemporâneo *Gaudium et Spes,* 10.

ções *permanecem muitas coisas imutáveis, que têm seu fundamento último em Cristo,* o mesmo ontem, hoje e por toda a eternidade"[57].

Com estas palavras a Constituição sobre a Igreja no mundo contemporâneo indica-nos o caminho a seguir na assunção dos empenhos relativos à dignidade da mulher e à sua vocação, no cenário das transformações significativas para o nosso tempo. Podemos enfrentar essas transformações de modo correto e adequado somente *se retomarmos o caminho* dos fundamentos que se encontram em Cristo, das *verdades e dos valores "imutáveis"*, dos quais ele mesmo permanece "testemunha fiel" (cf. Ap 1,5) e Mestre. Um modo diverso de agir conduziria a resultados duvidosos, e até mesmo errôneos e ilusórios.

A DIGNIDADE DA MULHER
E A ORDEM DO AMOR

29. A passagem já citada da Carta aos Efésios (5,21-33), na qual a relação entre Cristo e a Igreja é apresentada como vínculo entre o Esposo e a Esposa, faz referência também à instituição do matrimônio segundo as palavras do Livro do Gênesis (cf. 2,24). Ela une a verdade sobre o matrimônio como sacramento primordial com a criação do homem e da mulher à imagem e semelhança de Deus (cf. Gn 1,27; 5,1). Graças ao significativo confronto presente na Carta aos Efésios, adquire plena clareza

[57] *Ibid.,* 10.

aquilo que decide a dignidade da mulher, quer aos olhos de Deus, Criador e Redentor, *quer aos olhos do homem:* do homem e da mulher. No fundamento do desígnio eterno de Deus, a mulher é aquela na qual a ordem do amor no mundo criado das pessoas encontra um terreno para deitar a sua primeira raiz. A ordem do amor pertence à vida íntima do próprio Deus, à vida trinitária. Na vida íntima de Deus, o Espírito Santo é a hipóstase pessoal do amor. Mediante o Espírito, dom incriado, o amor se torna um dom para as pessoas criadas. *O amor, que vem de Deus, comunica-se às criaturas:* "O amor de Deus é derramado nos nossos corações pelo Espírito Santo que nos foi dado" (cf. Rm 5,5).

O chamamento da mulher à existência junto ao homem ("um auxiliar que lhe seja semelhante": cf. Gn 2,18) na "unidade dos dois" oferece, no mundo visível das criaturas, condições particulares a fim de que "o amor de Deus seja derramado nos corações" dos seres criados à sua imagem. Se o autor da Carta aos Efésios chama Cristo de Esposo e a Igreja de Esposa, ele confirma indiretamente, com tal analogia, a *verdade sobre a mulher como esposa.* O Esposo é aquele que ama. A Esposa é amada: *é aquela que recebe o amor para, por sua vez, amar.*

A citação do Gênesis — relida à luz do símbolo esponsal da Carta aos Efésios — permite-nos intuir uma verdade que parece decidir essencialmente a questão da dignidade da mulher e, em seguida, também a da sua vocação: *a dignidade da mulher é medida pela ordem do amor,* que é essencialmente ordem de justiça e de caridade[58].

Só a pessoa pode amar e só a pessoa pode ser amada. Esta é uma afirmação, em primeiro lugar, de natureza ontológica, da qual emerge depois uma afirmação de natureza ética. O amor é uma exigência ontológica e ética da pessoa. A pessoa deve ser amada, pois só o amor corresponde àquilo que é a pessoa. Assim se explica o *mandamento do amor,* conhecido já no Antigo Testamento (cf. Dt 6,5; Lv 19,18) e colocado por Cristo no próprio centro do *"ethos"* evangélico (cf. Mt 22,36-40; Mc 12,28-34). Assim se explica também o *primado do amor* expresso nas palavras de São Paulo na Carta aos Coríntios: "maior é a caridade" (cf. 1Cor 13,13).

Se não se recorre a essa ordem e a esse primado, não se pode dar uma resposta completa e adequada à interrogação sobre a dignidade da mulher e sobre sua vocação. Quando dizemos que a mulher é aquela que recebe amor para, por sua vez, amar, não entendemos só ou antes de tudo a relação esponsal específica do matrimônio. Entendemos algo mais universal, fundado no próprio fato de ser mulher no conjunto das relações interpessoais, que nas formas mais diversas estruturam a convivência e a colaboração entre as pessoas, homens e mulheres. Neste contexto, amplo e diversificado, *a mulher representa um valor particular como pessoa humana* e,

---

[58] Cf. S. AGOSTINHO, *De Trinitate,* L. VIII, VII, 10 - X, 14: *CCL* 50, 284-291.

ao mesmo tempo, como pessoa concreta, *pelo fato da sua feminilidade*. Isto se refere a todas as mulheres e a cada uma delas, independentemente do contexto cultural em que cada uma se encontra e das suas características espirituais, psíquicas e corporais, como, por exemplo, a idade, a instrução, a saúde, o trabalho, o fato de ser casada ou solteira.

A citação da Carta aos Efésios, que consideramos, leva-nos a pensar numa espécie de "profetismo" particular da mulher na sua feminilidade. A analogia do Esposo e da Esposa fala do amor com que todo homem é amado por Deus em Cristo, todo homem e toda mulher. Todavia, no contexto da analogia bíblica e na base da lógica interna do texto, é precisamente a mulher aquela que manifesta a todos esta verdade: a esposa. Esta *característica "profética" da mulher na sua feminilidade* encontra a sua mais alta expressão na Virgem Mãe de Deus. É em relação a ela que se coloca em relevo, do modo mais pleno e direto, o elo íntimo que une a ordem do amor — que entra no âmbito do mundo das pessoas humanas através de uma Mulher — com o Espírito Santo. Maria escuta na Anunciação: "Virá sobre ti o Espírito Santo" (Lc 1,35).

CONSCIÊNCIA DE UMA MISSÃO

30. A dignidade da mulher está intimamente ligada com o amor que ela recebe pelo próprio fato da sua feminilidade e também *com o amor que ela, por sua vez, doa.*

Confirma-se assim a verdade sobre a pessoa e sobre o amor. Acerca da verdade da pessoa, deve-se uma vez mais recorrer ao Concílio Vaticano II: "O homem, a única criatura na terra que Deus quis por si mesma, não pode se encontrar plenamente senão por um dom sincero de si mesmo"[59]. Isto se refere a todo homem, como pessoa criada à imagem de Deus, quer homem quer mulher. A afirmação de natureza ontológica aqui contida indica também a dimensão ética da vocação da pessoa. *A mulher não pode se encontrar a si mesma senão doando amor aos outros*.

Desde o "princípio" a mulher — como o homem — foi criada e "colocada" por Deus precisamente nessa ordem de amor. O pecado das origens não anulou essa ordem, não a apagou de modo irreversível. Provam-no as palavras bíblicas do Proto-Evangelho (cf. Gn 3,15). Nas presentes reflexões observamos *o lugar singular da "mulher"* nesse texto-chave da Revelação. Além disso, é preciso observar como a própria mulher, que chega a ser "paradigma" bíblico, se encontra também na perspectiva escatológica do mundo e do homem, expressa no *Apocalipse*[60]. É *"uma mulher vestida de sol"*, com a lua debaixo dos pés e uma coroa de estrelas sobre a cabeça (cf. Ap 12,1). Pode-se dizer: uma mulher à medida do cosmos, à medida de toda a obra da criação. Ao mesmo

---

[59] CONC. ECUM. VAT. II, Const. past. sobre a Igreja no mundo contemporâneo *Gaudium et Spes,* 24.

[60] Cf. no apêndice às obras de S. AMBRÓSIO, *In Apoc.* IV, 3-4: *PL* 17, 876: Ps. AGOSTINHO, *De symb. ad catech. sermo* IV: *PL* 40, 661.

tempo, ela sofre "as dores e o tormento do parto" (Ap 12,2), como Eva "mãe de todos os viventes" (Gn 3, 20). Sofre também porque, "diante da mulher que está para dar à luz" (cf. Ap 12,4), se põe o "grande dragão, a serpente antiga" (Ap 12,9), conhecido já no Proto-Evangelho: o Maligno, "pai da mentira" e do pecado (cf. Jo 8,44). De fato, a "serpente antiga" quer devorar "o filho". Se vemos neste texto o reflexo do Evangelho da infância (cf. Mt 2,13.16), podemos pensar que no paradigma bíblico da "mulher" está inscrita, do início ao fim da história, a luta contra o mal e contra o Maligno. *Esta é também a luta pelo homem, pelo seu verdadeiro bem, pela sua salvação.* Não quererá a Bíblia dizer-nos que precisamente na "mulher", Eva-Maria, a história registra uma luta dramática em favor de todo homem, a luta pelo seu fundamental "sim" ou "não" a Deus e ao seu desígnio eterno sobre o homem?

Se a dignidade da mulher testemunha o amor que ela recebe para, por sua vez, amar, o paradigma bíblico da "mulher" parece desvelar também *qual seja a verdadeira ordem do amor que constitui a vocação* da mesma mulher. Trata-se aqui da vocação no seu significado fundamental, pode-se dizer universal, que depois se concretiza e se exprime nas múltiplas "vocações" da mulher na Igreja e no mundo.

A força moral da mulher, a sua força espiritual une-se à consciência de *que Deus lhe confia de uma maneira especial o homem,* o ser humano. Naturalmente, Deus confia todo homem a todos e a cada um. Todavia, este ato de confiar refere-se de modo especial à mulher — precisamente pelo fato de sua feminilidade — e isso decide particularmente a sua vocação.

Inspirando-se nesta consciência e neste ato de confiança, a força moral da mulher exprime-se em numerosíssimas figuras femininas do Antigo Testamento, do tempo de Cristo, das épocas sucessivas até nossos dias.

A mulher é forte pela consciência dessa missão, forte pelo fato de que Deus "lhe confia o homem", sempre e em todos os casos, até nas condições de discriminação social em que ela se possa encontrar. Esta consciência e esta vocação fundamental falam à mulher da dignidade de que ela recebe de Deus mesmo, e isto a torna "forte" e consolida a sua vocação. Deste modo, a "mulher perfeita" (cf. Pr 31,10) torna-se um amparo insubstituível e uma fonte de força espiritual para os outros, que percebem as grandes energias do seu espírito. A estas "mulheres perfeitas" muito devem as suas famílias e, por vezes, nações inteiras.

Em nossa época, os sucessos da ciência e da técnica consentem alcançar, num grau até agora desconhecido, um bem-estar material que, enquanto favorece alguns, conduz outros à marginalização. Desse modo, esse progresso unilateral pode comportar também um gradual *desaparecimento da sensibilidade pelo homem por aquilo que é essencialmente humano.* Neste sentido, sobretudo os nossos dias *aguardam a manifestação* daquele "gênio" da mulher que assegure a sensibilidade pelo homem em qualquer circunstância: pelo fato de ser homem! E porque "maior é a caridade" (cf. 1Cor 13,13).

Portanto, uma leitura atenta do paradigma bíblico da "mulher" — do Livro do Gênesis ao Apocalipse — confirma em que consistem a dignidade e a vocação da mulher e o que nelas é imutável e não se desatualiza, tendo o seu "fundamento último em Cristo, o mesmo ontem, hoje e por toda a eternidade"[61]. Se o homem é por Deus confiado de modo especial à mulher, isto não significará talvez que *Cristo espera* dela *a realização do "sacerdócio real"* (1Pd 2,9), que é a riqueza que ele deu aos homens? Esta mesma herança Cristo, sumo e único sacerdote da nova e eterna Aliança e Esposo da Igreja, não cessa de submeter ao Pai, mediante o Espírito Santo, para que Deus seja "tudo em todos" (1Cor 15,28)[62].

Então chegará ao cumprimento definitivo a verdade que "maior é a caridade" (cf. 1Cor 13,13).

---

[61] CONC. ECUM. VAT. II, Const. past. sobre a Igreja no mundo contemporâneo *Gaudium et Spes,* 10.

[62] Cf. CONC. ECUM. VAT. II, Const. dogm. sobre a Igreja *Lumen Gentium,*

IX

CONCLUSÃO

"SE TU CONHECESSES O DOM DE DEUS"

31. "Se tu conhecesses o dom de Deus" (Jo 4,10), diz Jesus à samaritana num daqueles admiráveis colóquios, nos quais ele mostra quanta estima tem pela dignidade de cada mulher e pela vocação que lhe consente participar da sua missão de Messias.

As presentes reflexões, que agora chegam ao fim, são orientadas a reconhecer, no interior do "dom de Deus", aquilo que ele, criador e Redentor, confia à mulher, a toda mulher. No Espírito de Cristo, com efeito, ela pode descobrir o significado completo da sua feminilidade e dispor-se desse modo ao "dom sincero de si mesma" aos outros, e assim "encontrar-se".

No Ano Mariano, *a Igreja deseja* render graças *à Santíssima Trindade* pelo "mistério da mulher" — por toda mulher — e por aquilo que constitui a eterna medida da sua dignidade feminina, pelas "grandes obras de

Deus" que na história das gerações humanas nela e por seu meio se realizaram. Em última análise, não foi nela e por seu meio que se operou o que há de maior na história do homem sobre a terra: o evento pelo qual Deus mesmo se fez homem?

A Igreja, portanto, *rende graças por todas e cada uma das mulheres:* pelas mães, pelas irmãs, pelas esposas; pelas mulheres consagradas a Deus na virgindade; pelas mulheres que se dedicam a tantos e tantos seres humanos, que esperam o amor gratuito de outra pessoa; pelas mulheres que cuidam do ser humano na família, que é o sinal fundamental da sociedade humana; pelas mulheres que trabalham profissionalmente, mulheres que, às vezes, carregam uma grande responsabilidade social; pelas mulheres *"perfeitas"* e pelas mulheres "fracas" — por todas: tal como saíram do coração de Deus, com toda a beleza e riqueza da sua feminilidade; tal como foram abraçadas por seu amor eterno; tal como, juntamente com o homem, são peregrinas sobre a terra, que é, no tempo, a "pátria" dos homens e se transforma, às vezes, num "vale de lágrimas"; tal como assumem, juntamente com o homem, *uma comum responsabilidade pela sorte da humanidade,* segundo as necessidades cotidianas e segundo os destinos definitivos que a família humana tem no próprio Deus, no seio da inefável Trindade.

A Igreja agradece *todas as manifestações do "gênio" feminino* surgidas no curso da história, no meio de todos os povos e nações; agradece todos os carismas que o Espírito Santo concede às mulheres na história do Povo de Deus, todas as vitórias que deve à fé, à esperança e caridade das mesmas: agradece todos *os frutos de santidade feminina.*

A Igreja pede, ao mesmo tempo, que estas inestimáveis "manifestações do Espírito" (cf. 1Cor 12,4ss), com grande generosidade concedidas às "filhas" da Jerusalém eterna, sejam atentamente reconhecidas e valorizadas, para que redundem em vantagem comum para a Igreja e para a humanidade, especialmente em nosso tempo. Meditando o mistério bíblico da "mulher", a Igreja reza, a fim de que todas as mulheres encontrem neste mistério a si mesmas e a sua "suprema vocação".

Maria, que "precede toda a Igreja no caminho da fé, da caridade e da perfeita união com Cristo"[63], obtenha para todos nós *também este "fruto"*, no Ano que lhe dedicamos, no limiar do terceiro milênio da vinda de Cristo.

Com estes votos, dou a todos os fiéis, e de maneira especial às mulheres, irmãs em Cristo, a bênção apostólica.

Dado em Roma, junto a São Pedro, no dia 15 de agosto — solenidade da Assunção de Maria Santíssima — do ano de 1988, décimo de pontificado.

---

[63] Cf. *ibid.,* 63.

ÍNDICE

I
INTRODUÇÃO

Um sinal dos tempos	5
O Ano Mariano	8

II
MULHER - MÃE DE DEUS
(THEOTÓKOS)

União com Deus	11
Theotókos	15
"Servir quer dizer reinar"	17

III
IMAGEM E SEMELHANÇA DE DEUS

O Livro do Gênesis	21
Pessoa - Comunhão - Dom	24
O antropomorfismo da linguagem bíblica	29

IV
EVA - MARIA

O "princípio" e o pecado	33
"Ele te dominará"	38
Proto-Evangelho	42

V
JESUS CRISTO

"Ficaram admirados por estar ele a conversar com uma mulher"	49
As mulheres do Evangelho	51
A mulher surpreendida em adultério	55
Custódias da mensagem evangélica	59
Primeiras testemunhas da Ressurreição	62

VI
MATERNIDADE - VIRGINDADE

Duas dimensões da vocação da mulher	65
Maternidade	66
A maternidade em relação à Aliança	71
A virgindade pelo Reino	74
A maternidade segundo o espírito	79
"Filhinhos meus por quem sofro novamente as dores do parto"	81

VII
A IGREJA - ESPOSA DE CRISTO

O "grande mistério"	85
A "novidade" evangélica	89
A dimensão simbólica do "grande mistério"	91
A Eucaristia	94
O dom da Esposa	97

VIII
MAIOR É A CARIDADE

Diante das transformações	103
A dignidade da mulher e a ordem do amor	104
Consciência de uma missão	107

IX
CONCLUSÃO

"Se conhecesses o dom de Deus"	113

Rua Dona Inácia Uchoa, 62
04110-020 – São Paulo – SP (Brasil)
Tel.: (11) 2125-3500
paulinas.com.br – editora@paulinas.com.br
Telemarketing e SAC: 0800-7010081